Les Yeux en face des trous

Henri Vincenot

Les Yeux en face des trous

Amours et aventures d'un anarchiste contemporain

Préface de Claudine Vincenot

EDITIONS FRANCE LOISIRS

Edition du Club France Loisirs,
avec l'autorisation des Editions Anne Carrière.

Editions France Loisirs,
123, boulevard de Grenelle, Paris.
www.franceloisirs.com

ISBN : 2-7441-4746-X

Préface

Henri Vincenot, c'est, pour beaucoup, l'auteur de *La Billebaude* ou du *Pape des escargots* : le grand-père sage et malicieux du retour aux sources, que l'on a trop vite assimilé à l'écrivain régionaliste chantant les charmes simples de la vie bucolique et du bel autrefois. Presque passéiste en somme. Et le passéisme, on le sait, est souvent mal « récupéré ».

Non, mon père, c'était bien autre chose.

Le Vincenot de mon enfance, encore bourguignon, était individualiste, clairvoyant, rieur, serein, et aimait fleureter avec le paradoxe. C'est le Vincenot des *Récits des friches et des bois* et de *Toute la Terre est au Seigneur,* par exemple. Celui de mon adolescence – dans le Paris qui le fascinait et lui répugnait à la fois – explosa en colère et en révolte. Mais, direz-vous, qu'allait-il donc faire en cette galère ? La surdité de mon frère aîné, je le rappelle [1], obligea mes parents et leur progéniture à monter à la capitale pour inscrire Jean-Pierre à l'école des sourds-muets, rue Saint-Jacques. Partis à contrecœur et le cœur gros, nous restâmes malgré tout un quart de siècle dans la ville-lumière…

Confronté à la vie en mégapole, à la misère urbaine, à l'exploitation et à la déchéance des plus faibles, mon père, pourtant pacifique et conciliant, se révolta. Sa clairvoyance se transforma en perspicacité amère, son enthousiasme devint causticité, sa pugnacité, agressivité, et son amour du paradoxe, moteur d'une contestation généralisée et d'une remise en cause de tout.

Années de révolte, années de colère qui voient naître quatre romans d'un jus à la fois décapant et roboratif. Romans qui met-

1. Voir *Le Maître du bonheur.*

tent Vincenot au rang des « auteurs prolétariens » [1]. Et cela, c'est une belle revanche sur les idées reçues et justice rendue à un Vincenot insolite mais tellement vrai, farouchement libre, et luttant avec passion pour amener ses frères les hommes à plus d'esprit critique, d'équité [2] et d'amour. Chantre du libre-arbitre, cet « anarchiste contemporain » se définit lui-même comme « celui qui n'a que sa conscience pour guide. Encore faut-il que cette conscience ait été éduquée. » C'est toute la substance des romans des « années de colère ».

Je fus un saint (1953), *Escales pour un cadavre* (1955), *Les Yeux en face des trous* (1959) et A *rebrousse-poil* (1962) ont pour élément commun une mise en scène de la confrontation, qu'il s'agisse du conflit d'un individu, d'un individu associé à quelques auxiliaires ou d'un groupe d'individus – famille, clan –, à une institution ou à un cadre de vie sociale dans lesquels ils sont insérés à leurs corps défendant. Le schéma de l'histoire est toujours identique : rupture avec l'ordre initial, entrée dans un univers délétère se concluant par un refus ou un échec, tentative de réintégration dans une nouvelle harmonie.

La démarche intellectuelle qu'on y peut lire n'est pas régressive. Mais, par une série de contre-propositions, face à une société qui n'obéit plus à des normes d'humanité, l'auteur veut renouer les fils rompus entre présent et passé pour réguler, par une résistance critique, les forces incontrôlées de la déshumanisation [3].

Pas « réactionnaire » mais « réagissant ».

Pas « collaborateur » du dieu Progrès mais « résistant » à la destruction de l'âme humaine.

C'est cela qui fait la force revitalisante de la maïeutique de Vincenot, et c'est encore cet homme-là qui éclaira mes jeunes années : accoucheur d'esprit, passionné au coup de bistouri

1. *Dictionnaire des auteurs prolétariens de langue française de la Révolution à nos jours,* de Thierry Maricourt, Editions Encrage, 1994.

2. « Du côté du faible, donc du Droit », in *Les Yeux en face des trous.*

3. Voir à ce sujet la communication de C.-G. Dubois dans *Actes des rencontres Henri Vincenot,* Editions de l'Armançon, 1993.

incisif, aimant à réveiller ses frères humains pour leur mettre « les yeux en face des trous ».

Vincenot, homme de tradition ? Oui, mais, pour lui, la tradition n'est pas fixiste qui empêcherait alors les vivants de vivre par respect des morts : « … rester dans la tradition écrite. Rien n'est aussi affligeant. » [1] La tradition vraie est, au contraire, porteuse de vie, terreau du futur : dans ce présent qui fait mal, cherchons un avenir ailleurs.

Vincenot pourfendeur du progrès ? Oui, mais le progrès qu'il dénonce est hypocrisie sociale. Si l'auteur n'est pas révolutionnaire, il n'est pas nostalgique d'un état révolu. Il a foi en l'avenir, foi en l'homme, et cette foi est un instinct d'espérance. Attitude dynamique et conquérante incitant à l'ouverture des sens, à l'exercice de l'intellect et à l'attention critique toujours en éveil.

Il est vrai que ces quatre romans sont des « voyages au bout de la nuit », mais au bout de la nuit, il y a une aurore, joyeuse, toute de vigueur et d'espoir. Sur cette voie de l'enthousiasme, laissons-nous guider par un Vincenot méconnu.

Claudine VINCENOT

1. In *Les Yeux en face des trous.*

Avant-propos

1959. L'aventure des prêtres-ouvriers bat son plein. Henri Vincenot, fervent adepte de la doctrine christique – amour, pardon, partage –, s'intéresse de très près à ce mouvement d'un certain clergé séculier, proche du pauvre, du prolétaire et des humbles, dont la seule défense possible n'est souvent que la fuite, à l'image de Joseph et de Marie fuyant en Egypte pour sauver leur enfant.

En 1959, les travailleurs immigrés sont tous, ou presque, originaires d'Afrique du Nord. Seuls, déracinés, quelquefois indésirables en leur pays, ne connaissant pas ou peu la langue française, les « Nord-Af » – ainsi désigne-t-on à l'époque les Nord-Africains – vivent en ghetto, souvent entassés à plusieurs dans des locaux misérables. Le regroupement familial est encore inconnu et il faudra attendre 1974 pour qu'il soit mis en place, transformant l'immigration de main-dœuvre en immigration de peuplement.

Les femmes, enfin, ne votent que depuis douze ans. La majorité d'entre elles ne travaillent pas à l'extérieur du foyer. La femme reste parfois le stéréotype de ce qu'elle fut dans la société paternaliste du XIXe siècle.

Ces trois problèmes de société des années 1950 sont au cœur du roman de Vincenot, *Les Yeux en face des trous*.

On y retrouve aussi, bien sûr, la nostalgie du retour au village, formulation préférable à celle du « retour à la terre », gâtée par des connotations historiques souvent gênantes. En effet, assimiler cet objectif à la révolution nationale de 1940, chanter les nostalgies de « la terre qui meurt » et rappeler les propositions rousseauistes sur la bonté de la nature opposée à la perversion sociale, tous ces rapprochements n'ont que faire ici. La proposition de retour à la terre n'est donc pas une nostalgie. Elle est, au contraire, prophétie : ce retour prend place dans une stratégie de rééquilibrage dont l'enjeu est la préservation du globe, de son sol et de son ciel, environnement de l'homme menacé par les excès d'une croissance industrielle anarchique à visées limitées.

On l'a déjà dit : ce que Vincenot met en cause, c'est le technologisme face à l'humanisme [1]. Mettre en cause ce progrès-là, c'est précisément aller plus loin, c'est avoir une vue prophétique qui dépasse l'horizon limité de l'actualité de 1959.

Dans *Les Yeux en face des trous*, ce qui est dénoncé, plus que le progrès, c'est sa gestion. Jefkins, le héros, lutte contre l'impérialisme d'un progrès mal compris par l'affirmation de la liberté individuelle, par la défense du petit nombre contre la dictature du consensus, de la pensée personnelle face à la pensée unique, des « petites gens » contre les « gangs anonymes officialisés » de grandes entreprises. Marginalité subversive avant l'heure. Le ton est donné dès la première page. C'est un « Merde ! » à cette société dite de progrès mais sachant si bien exploiter l'homme.

A qui tenta, avant la publication du livre, de faire renoncer l'auteur à cette page, Vincenot, provocateur, répondit : « J'y tiens, c'est un filtre à cons ! »

En somme, ce que veut nous dire Vincenot, qui sait nous entraîner du particulier au général, est que la lutte contre les Léviathan et les Behémoth [2] est permanente et universelle. Le XXe siècle a été le siècle des collectivisations forcenées, au sein de mouvements nationalistes – ou prétendus tels –, socialistes – ou prétendus tels – qui ont abouti au mépris de tous les droits de l'individu. Cette déshumanisation-là mérite un cri d'alarme.

Vincenot nous offre un regard sur la capacité de résistance de

1. « Jamais je n'aurais cru que les enfants de Montaigne tomberaient si bas », in *Les Yeux en face des trous*.

2. Dans la Bible, monstre à tête d'éléphant représentant, comme Léviathan, de la violence déchaînée et aveugle.

l'homme face à cette déshumanisation. C'est en ce sens que sa « colère » nous concerne encore aujourd'hui ; elle est cri de refus à toutes les formes d'esclavage et de mise en condition : Non, le technocratisme n'est pas un humanisme !

Cri pathétique, certes, mais, pour notre bonheur, tout empreint de sarcastique et féconde espérance.

Claudine VINCENOT

UTILITE PUBLIQUE

J'étais, pour lors, en train de poser culotte au pied d'un genévrier, les fesses au vent. Selon mon habitude, je prolongeais le plaisir quotidien de la défécation, qui est, comme disait l'ancien curé de la paroisse, une des plus pures joies de l'existence.

Le vent me caressait les régions lombaires et, voyant que je ne me refusais pas, risquait un souffle un peu plus loin.

Si j'en parle ainsi, c'est que j'y prends, pour le moins, autant de plaisir qu'à manger, à boire, à travailler, à penser. Flâner en offrant à la brise ma peau secrète m'inspire toujours une action de grâces au Créateur. Les toisons que la brise fait frémir doucement au passage ne sont répugnantes que dans un complet veston. Ici, à la face du millepertuis et du serpolet de nos friches, tout est beau et la scatologie est un genre littéraire.

Je fermais, par moment, les yeux, le menton aux genoux, la chemise dûment retroussée et je me saoulais des parfums de nos grandes friches.

Bref, je jouissais.

Tout à coup, sur le chemin des fermes, tout au fond de la vallée, j'ai vu arriver une camionnette. J'ai entendu ensuite le bruit lointain d'un moteur et tout a changé de couleur.

Ils ont dû s'arrêter à la ferme de Combe-Coquine. Je les ai vus émerger une demi-heure plus tard, gros comme des poux, au-dessus de Troussequine, chargés de leurs engins.

La forêt, d'un coup, s'est vidée de ses murmures comme une bouche perd sa salive. Les geais, pas si bêtes que moi, ne se le sont pas fait répéter deux fois : ils ont foutu le camp et le couple de busards qui surveille magnifiquement mes poules s'est laissé déporter dans le vent en poussant un grand cri de détresse. Tout est devenu sec et crispé.

Les trois hommes montaient en direction de la source de Vif-Argent. J'ai pu reconnaître celui qui les conduisait : c'était le père Vigoureux. Il leur a montré la Mouille-aux-Loups, puis ils se sont dispersés dans le versant, à pas comptés, les yeux au sol.

J'ai vu toutes leurs manigances, leurs allées et venues, leurs rassemblements, leurs palabres, car, s'étant rapprochés comme trois fourmis sur une merde de courtilière, ils sont restés là, graves comme des curés en messe.

Leur mimique ne peut me tromper. Je sais de quoi ils parlent. Quinze ans plus tôt, j'ai fait leur métier, entre N'Guezzam et Gao, au Mexique et ailleurs. Péché de jeunesse dont je rougis aujourd'hui devant les hommes.

D'un seul coup, je suis redevenu le Jefkins de jadis. On pourra dire après que je suis une brute, un excessif, mais ce n'est tout de même pas moi qui ai commencé, cette fois. Je ne suis pas allé les chercher. Ils sont venus, ces malfaiteurs supérieurs. Pourtant Dieu et les hommes sont témoins que je vivais en paix ici et que je ne demandais rien à personne.

J'ai laissé filer, par le créneau de mes dents serrées, une bordée d'injures sordides où des milliers de divinités impuissantes se trouvèrent mêlées au désastre et, d'un bond, je fus près d'eux.

Le père Vigoureux qui me connaît bien est venu à ma rencontre. Il m'a dit : « Je n'ai pas pu faire autrement, mon vieux Jefkins, le garde-champêtre m'a demandé de les conduire. »

Je l'ai renversé d'un revers et, comme les autres s'approchaient, je ne leur ai pas laissé le temps d'ouvrir le bec. J'étais comme gonflé d'indignation et, d'un coup, ma poche de fureur s'est crevée :

« Messieurs, allez jouer du Geiger et du théodolite où vous voudrez, pour faire les intéressants. On n'a que faire ici de vos derricks, de vos cuves, de vos trucks raffineurs, tuyauteries infectes et autres moteurs rotants. On vomit vos transformateurs et vos pipe-lines, entendez-vous ? On s'en torche la fente de vos richesses souterraines. Rengainez-moi tout de suite vos détecteurs et vos règles à calcul et laissez les lapins de garenne jouer aux gobilles sur leurs pierres plates ! »

Je devais avoir une attitude assez menaçante car ils ont plié bagage et sont partis. Le plus vieux a dit : « Calmez-vous, monsieur. Nous savons ce que nous voulons savoir. »

Je ne suis pas rentré tout de suite à la maison et je me suis mis à marcher droit devant moi, en me saoulant de monologue. Puis j'ai conclu : Tu es un idiot, comme toujours ! Prospecter n'est pas trouver. Tu en sais quelque chose. As-tu assez parcouru les épais bourbiers d'Amazonie ? As-tu assez promené les cadrans magiques sur les terrasses des hamadas, parmi les pierres noires des Aïrs, sur les croûtes craquelées des latérites du Tilemsi, la langue gonflée de fièvre, l'œil exalté de mirages, l'estomac rongé d'aspirine, la tripe confite de quinine ? Et combien de fois as-tu eu l'occasion de voir trembloter l'aiguille du pulsor ?

J'arrivais justement en vue de ma maison.

Le beau-père, tout en sciant du bois, s'amusait à prendre des perles de brouillard au piège de sa longue moustache grise. Je me suis étendu sur le plat de cette roche qui domine notre installation et je me suis mis à penser.

Je n'aime pas, en littérature, le « retour en arrière » que des auteurs anglo-saxons nous ont apporté de leurs pays brumeux et placides. Ce procédé a quelque chose d'illogique qui choque les cartésiens que nous nous flattons d'être et impatiente les curieux et les avides que nous sommes certainement. Pourtant, allongé sur mon petit promontoire, le verger et les champs à mes pieds, il me plaît de récapituler.

C'est un exercice plutôt débilitant, je le sais, mais je jure de n'y consacrer que dix minutes. Juste le temps de faire le point :

1939. La mobilisation me surprend à la Nouvelle-Orléans. J'étais parti pour l'Amérique en 1937, histoire de me jouer mon petit western personnel. J'ai tenté de vendre du nougat, oui, du nougat de Montélimar, au Mexique. Malheureusement il prenait là-bas la consistance du mastic très frais : collant et plastique. J'ai dû chercher autre chose.

J'ai travaillé, en Floride, à la construction d'un derrick flottant dans le golfe de Corpus Christi. Admirable complication qui coûta soixante-douze vies humaines pour permettre à vingt-deux ingénieurs de voir gicler du pétrole en pleine mer.

J'ai voulu ensuite gagner le Matto Grosso. Pour voir. Matto Grosso ! Ces quatre syllabes ont plus fait, pour la perte des jeunes gens, que dix ans de tuberculose. Moi j'y voyais, par la faute de Blaise Cendrars et quelques autres écrivains sédentaires, des terres ardentes et prolifiques où, entre des arbres aux palmes roses et cruelles, se blottissaient des aventures exaltantes. J'ai traîné dans les ports de la côte caraïbe et j'ai l'honneur d'avoir vu de mes yeux, les yeux que voilà, les sources et l'embouchure de l'Orénoque.

Je passe sous silence une période franchement désagréable, enfermé à la prison de Sotoviento-del-Incarnacion pour présence irrégulière en territoire interdit, puis je remonte à la Nouvelle-Orléans où je suis ouvrier dans un combinat de produits chimiques.

Certains imbéciles pourraient être tentés de s'extasier sur le luxe de cette époque brillante : j'ai mon auto, comme chacun des ouvriers de l'établissement, un studio cossu dans un bungalow que je partage avec trois collègues, salle de bains, distributeur automatique de préservatifs, poste de télévision, frigidaire et tout. Mais on travaille revêtu d'un scaphandre (*because* les gaz nocifs), en gants, on doit prendre deux douches par jour, on travaille au chronomètre et le dimanche, on prend ses loisirs à faire la queue aux distributeurs d'essence.

Deux mois de ce paradis hygiénique et ponctuel suffisent à me dégoûter de l'hydrothérapie, du confort, du travail scientifiquement organisé et de la petite automobile pour tous.

… Du *progrès*, comme ils disent.

Sans doute ne suis-je encore qu'un gamin et mes rancœurs contre le « progrès » ne prennent-elles pas alors la forme littéraire. Je n'en suis qu'aux étonnements.

Je gagne l'Afrique où j'accompagne, en qualité de prospecteur, la quatrième mission Nieger qui cherche le pétrole au Sahara.

J'aurais dû fausser compagnie à ces messieurs le jour où nous bivouaquâmes aux portes de l'oasis de Timimoum ou bien lorsque, un soir, au puits de Tin Rehro, nous rencontrâmes deux familles d'Illemidden, dont la fille du chef… bref, je n'étais pas encore assez documenté sur le progrès, sans doute, aussi regagnai-je Dakar puis, encore une fois, la Louisiane et, enfin, la région de Pittsburgh.

Puis c'est la mobilisation en France. Je rejoins l'armée Daladier pour me faire épingler au carrefour de Metz-les-Saint-Avold par d'aimables motocyclistes en imperméables gris vert qui, très poliment, me demandent la route de Reims. Je la leur indique volontiers lorsqu'ils sortent un pétard et me font prisonnier.

C'étaient des Allemands.

J'étais excusable : je n'en avais jamais vus et ils ressemblaient à certains sous-officiers français un peu athlétiques.

Cette méprise, au début de la campagne, me valut de ne pas traîner sur les champs de bataille au milieu de la piétaille en quête de gloire.

Je ne déteste rien tant que cette promiscuité de la peur dans laquelle le pauvre type, ayant reçu une balle dans la tripe, croit bon, pour en imposer aux copains, de lâcher encore une bonne plaisanterie bien de chez nous, dans le but de rester dans la tradition écrite. Rien n'est aussi affligeant.

Précisons, en passant, que si je m'étais trouvé au carrefour de Metz-les-Saint-Avold avec le premier gradé venu, il m'eût sans aucun doute donné l'ordre de me battre et éventuellement de me faire tuer. Or, je ne reconnais à personne le droit de me dicter mes actes et encore bien moins de disposer de ma vie.

Héros ou chie-en-culotte, c'est mon affaire.

Mais, grâce à Dieu, j'avais eu peur seul, j'avais été capturé seul, emmené seul, interrogé seul. J'avais pu, ainsi, conserver ma dignité. En quelque sorte, je n'étais pas prisonnier, car la vraie captivité, c'est le respect humain. Le seul tortionnaire c'est l'œil du copain devant lequel on ne veut pas flancher. On appelle ça l'esprit de corps, pour ne pas en rougir.

Et j'étais parti vers l'Allemagne de l'Est, seul entre deux gendarmes feldgrau, premier prisonnier de la guerre, nageant en plein cas particulier.

Hélas, je ne fus pas longtemps seul et aussitôt que j'eus des compagnons, je m'évadai. Je ne pouvais supporter cette collectivité dans la captivité. Deux fois prisonnier, en quelque sorte, une fois par les « ennemis », et une autre fois par les camarades devant lesquels il est de bon ton de jouer la grandiloquente comédie du Prométhée enchaîné, de la bravoure trahie, de l'espoir sacré et surtout la comédie farce de la revanche passive et autres snobismes de la fausse virilité, qui ne vaudront jamais le bifteck de la resquille et le beurre du faux double jeu.

Seul sur trois mille j'ai demandé le rapport du chef de camp et je lui ai proposé par le truchement de l'interprète de m'employer n'importe où plutôt que de croupir dans ce patriotisme du coup de pied au cul.

Cela me valut un rabiot de confiture aux betteraves, une boule de pain, un paquet de cigarettes, la poignée de main du chef de camp et un voyage particulier, en voiture voyageurs, vers la Prusse orientale.

On m'envoya dans les mines de lignite. Là aussi on se douchait très souvent et on avait la T.S.F. pendant le travail. Ce travail était minutieusement organisé. On appuyait sur des boutons pour creuser, pour remblayer, pour remplir, pour vider, pour charger, pour peser des charges monstrueuses de charbon. C'était aussi simple que de faire de la dactylographie et nos machines fonctionnaient si bien.

Malheureusement elles étaient exigeantes : dix heures de ma journée d'homme pour servir un froid complexe d'engrenages, ce n'était pas raisonnable. C'est là que se précisa la certitude qu'il vaut mieux crever de faim dans les épines de la solitude plutôt que de manger dans le foyer collectif sonorisé, climatisé et normalisé d'une usine modèle. C'est là que mes griefs contre la grande industrie se sont accumulés de telle sorte que j'ai profité de la liberté relative que me valait mon zèle, j'ai quitté la maison et le pays en suivant le rivage sablonneux de la Baltique, sous le travesti d'une chercheuse d'ambre, en compagnie d'un juif polyglotte.

C'est ainsi qu'un beau matin je me trouvai en Russie.

Mon petit tour d'Europe, fignolé comme un voyage d'études pour polytechnicien, devait me faire trouver, en Soviétie, une troisième expérience de vie en tas. Je fus versé, en effet, dans une usine unique dont on m'affirma qu'elle préfigurait timidement la Société Future.

Tout y marchait à la sonnerie et aux signaux lumineux, même les douches et le fumoir. Là aussi, travail en masque (*because* les gaz nocifs) et en gants d'amiante. Les W.C. surtout étaient formidables : on se serait cru dans une salle d'opération.

Bien entendu, douches obligatoires, cinéma culturel où l'on pouvait même choisir sa place, et conférence antialcoolique. Un charmant petit journal d'établissement donnait les chiffres atteints par la production de la maison et les comparait à ceux des établissements similaires. Il donnait également les noms des ouvriers qui avaient été trouvés en état d'ébriété, la liste de ceux qui avaient dépassé les normes, sans oublier de signaler, mais uniquement à dessein de les encourager, ceux qui n'avaient pas réussi à les atteindre.

Pour en sourire, attendez la fin de ce livre.

Le dimanche, des artistes venaient chanter et danser, d'éminents conférenciers faisaient des cours sur la productivité et, aux beaux jours, on pouvait se baigner dans une piscine en mosaïque, aux heures prévues.

Il y avait de belles filles et des visites antivénériennes, gratuites bien entendu.

Pour les enfants, une « crèche » comme on dit en France, où ces chers petits recevaient des soins tellement parfaits qu'on se demandait à quoi pouvait bien servir leur famille.

C'est en me promenant, aux heures de détente, que la colère que je sentais monter en moi depuis les Etats-Unis prenait la forme discursive et éclatait aussitôt que parler à haute voix était autorisé.

J'évoquais avec émotion un pays semi-inculte et bocager où une race un tantinet négligente et légèrement décadente partageait son temps entre le maniement d'outils rudimentaires, forgés par des générations de pas-pressés, et le canon de piccolo qu'on sirote en se tapant sur les cuisses. J'imaginais des collations sous les arbres, avec pâté de tête, cancoillotte et couteau de poche, des séances de débardage de bois entrecoupées de siestes, fort préjudiciables certes à une vague productivité collective, mais si sûrement profitables à la santé de chacun.

J'imaginais des maisons basses avec un amour de petit fumier, sanctuaires d'un laisser-aller plus rationnel qu'il n'y paraît.

Comme l'épileptique qui sent monter sa crise, je percevais très nettement le moment où le bouillonnement de mon indignation allait me pousser enfin à tenter l'évasion définitive et je jurais solennellement de tout mettre en œuvre, si jamais j'arrivais à échapper à la concentration, pour me retirer définitivement du circuit industriel et fuir tout ce qui, de près ou de loin, pouvait ressembler à ce que des générations aveugles ou prétentieuses nomment le progrès.

Je fis tant et si bien que je fus rapatrié comme sanitaire en Afrique du Nord et, de là, en France.

En débarquant à Marseille j'étais ivre de cette atmosphère de légère négligence et d'apparente activité qui fait, je le sais, le désespoir des statisticiens, mais rend les populations celtes et latines si faciles à vivre.

C'était l'Occupation. Les villes, images de l'humanité de demain, bourrées de théoriciens diplômés, crevaient de faim dans le surmenage. J'ai compris tout de suite qu'il fallait s'en éloigner et gagner la campagne française.

Je partis à bicyclette et, tout en roulant, je me promis de ne m'arrêter que lorsque je rencontrerais des routes non goudronnées, des fumiers indisciplinés, des patois tenaces.

Instinctivement, mes coups de pédale me conduisirent vers cette arrière-Bourgogne où, quinze ans plus tôt, j'avais posé mes premiers collets.

Je me vois arriver dans cette combe qui est là aujourd'hui sous mes yeux.

J'ai gravi le chemin de terre qui virevolte dans la friche et lorsque je suis arrivé en vue de ce cirque de roches claires et de forêts bourrues, lorsque j'ai découvert la maison sur le versant trop raide, entre vigne et hallier, lorsque, m'étant approché, j'ai rencontré un homme à longues moustaches grises, les pieds nus et crasseux dans ses sabots, j'ai senti les larmes me monter aux yeux.

Lorsque enfin, ayant engagé la conversation avec cet homme, je le vis quitter la pioche, s'asseoir et jaser, sans en demander la permission à personne, je crus me trouver devant la sagesse du monde.

« Il est midi à ma tripe, dit-il au bout de deux heures de conversation, venez donc manger ! »

Nous voilà grimpant, à pas lourds, sur l'épaule de la montagne. Nous arrivons dans la courette ensoleillée où, sur des claies, séchaient des prunes.

C'est là qu'il me faut quitter le ton badin et légèrement persifleur pour raconter ce que je vis :

Une fille, aux bandeaux châtains, dans l'encadrement d'une porte basse. Elle portait tout bonnement un panier, un panier en osier rouge comme on en fabrique, de ses doigts, le soir au coin du feu.

Elle me regarda et disparut dans l'ombre aigre et fraîche d'un cellier.

C'est là que je décidai de me fixer, au moins temporairement, pour y mûrir un plan de vie compatible avec mes goûts personnels et mon expérience de la vie : me perdre dans les hautes herbes, un fruit sauvage à la bouche et travailler tout juste assez pour gagner ma nourriture et pouvoir m'acheter une paire de sabots, un chandail et un falzard par an…

… et tenir bien propre…

… un petit morceau de linge, de forme rectangulaire si possible, pour servir de drapeau blanc…

… pour le cas échéant. Comme disait Kirchenberger, le juif avec lequel je me suis évadé d'Allemagne.

Pendant six mois, tout en regardant inlassablement cette fille, j'appris à apprécier ce minuscule domaine de dix-huit hectares où l'emploi de la machine agricole était impossible. Nouvelle raison pour que je l'aimasse.

Il échappait, par sa situation très à l'écart et par son relief capricieux, à toute tentative de remembrement et se défendait à merveille, me semblait-il, contre toute « mise en valeur » industrielle, dans une région où la rareté de l'eau rendait impossible la douche obligatoire.

Il se partageait en trois parts égales ; terres, vergers et pâturages, quoique en ces régions les pâturages soient plutôt de hautes friches, balayées par le vent, que les géographes appellent d'un nom qui dit tout : espaces sylvopastoraux. Il était enfin complété par une corne de forêt, riche en taillis, pauvre en futaie, à laquelle quarante générations de charbonniers avaient donné la physionomie caractéristique du bois morvandiau à charbonnette, terre d'élection de la bécasse, du lièvre et du sanglier, comme chacun sait.

J'ai longuement étudié cette petite terre rassemblée en plus de deux siècles par une famille sans ambition et plus je pénétrais dans ses recoins, plus je lui trouvais, par comparaison avec les grandes machines inhumaines où je venais de vivre, un charme et un tempérament à ma dimension d'homme, car ces vingt minuscules hectares se trouvaient enclavés dans une immensité de forêts et de friches où personne ne vit jamais trace de clôture. Aussi avait-on l'impression de tout posséder.

Cette vigne, pentue comme un toit, travaillée comme un jardin de curé, donnait seule l'impression de l'effort. Tout le reste évoquait plutôt le farniente, la cueillette et le bûcheronnage périodiques, car les terres cultivées formaient, dans ce cadre immense, un îlot dérisoire.

Voilà pour la terre.

Voyons maintenant la fille.

Elle n'était pas jolie, mais belle.

Je devais apprendre qu'elle n'était pas passionnée mais ardente. Pas vertueuse, grâce à Dieu, mais prudente.

Et si, au bout de huit mois d'amitié, je pus lui prendre la main et risquer un baiser sur sa joue, c'est que le temps était venu, pour elle, de connaître un homme. D'ailleurs, ce baiser, elle me le rendit franchement, comme on embrasse un enfant joyeux.

En moi, une exaltation inconnue, bien que j'eusse vingt-cinq ans et un tour du monde, montait. Ce n'était ni de la concupiscence, ni le pieux émoi. C'était la sensation d'avoir trouvé ma femme et que ma quête de femelles était terminée à jamais.

Puis, lorsque nos lèvres apprirent, beaucoup plus tard, le chemin pour se joindre, et avec quelle parcimonie, nos corps se rapprochèrent et moi, le roué, je découvris la femme.

Je pensai : tant de passades peuvent-elles laisser l'homme si ignorant de l'amour ?

Elle se mit à embellir prodigieusement.

Un jour, elle dit, devant son père et sa mère, à propos de je ne sais quoi : « Avec Jean, j'irais au bout du monde. »

Les vieux me regardèrent, sans sourire. Elle aussi me regarda.

« Me permettez-vous d'épouser Louise ? » dis-je sans précipitation.

Si je ne l'avais pas fait à cet instant, elle fût tombée morte à mes pieds. Je ne pouvais pas décevoir tant d'optimiste candeur.

Le jour de mes noces, pour la première fois de ma vie, j'eus l'impression de faire une grande chose utile et agréable. Pour la première fois aussi, je couchai avec une femme non parfumée. Mes goûts, adultérés par le roman et la dactylo moyenne, m'ayant toujours attiré vers des femmes peintes, revues et corrigées. J'ai même connu des hérétiques qui traitaient leurs toisons avec je ne sais quel produit prétendument désodorisant, se privant ainsi, on ne sait pourquoi, et privant les autres, de leur plus intime émanation.

A la maison vivaient également le grand-père et la grand-mère. Ils allaient allégrement sur leurs quatre-vingts ans. La diététique n'ayant jamais jeté le doute dans leur cervelle, les deux vieillards se portaient bien ; « le pépère » se spécialisait dans le sciage du bois, le bridage des sabots, la fabrication des cartouches, le rafistolage des harnais, le petit jardinage, le mauvais esprit de la distillation clandestine du marc et de la prune pour les brûlots d'hiver.

« La mémère », la grand-mère, passait ses jours à ravauder les vêtements qui, à force de replâtrages, étaient devenus incolores, roides et quasiment imperméables, bref : confortables.

Avec ma belle-mère, sa fille, elle se distrayait en récitant le chapelet qui leur tenait lieu de T.S.F. Les hommes partageaient leurs loisirs entre la vannerie, le tarot et la discussion après les repas. Jaser, c'est à moitié digérer.

Le travail de cet établissement se réglait non sur les nécessités, mais sur les possibilités. La devise semblait être cette phrase, véritable concentré de sagesse, si souvent répétée au fil des jours : « Ce qu'on ne peut pas faire, on le laisse. »

Par folles bouffées, on coltinait des chariots de foin à écœurer un tracteur de cinquante chevaux. Hommes et bêtes en revenaient fourbus. On en parlait pendant plusieurs mois avec un grand enthousiasme rétrospectif. Le plaisir du travail excessif n'ayant d'égal que la joie de ne rien faire. Ce n'est que par une alternance savante de ces deux régimes qu'on peut arriver à une saine conception de l'effort, encore que celui-ci, sous toutes ses formes, gagne à être immédiatement suivi d'agapes.

Bon an mal an, la Perrière, tel était le nom du domaine, nourrissait les trois couples sans qu'il fût besoin d'établir un planning. On mangeait à sa faim, on buvait à sa soif l'eau de la source et un vin léger, un peu vert, issu de ces ceps alignés dans les graviers du bathonien[1], face au soleil.

Enfin, le beau-père, Félix Favrot, que tout le monde appelait « le Féli », faisait parfois allusion au sens civique et à certaines vertus en voie de disparition, comme l'abnégation, le courage, la frugalité, mais c'était toujours à l'issue d'un de ces bons repas où,

1. Calcaire jurassique.

sur le coup de quatre heures de relevée, les fantaisies de langage sont permises.

Aujourd'hui, étendu sur la roche, j'ai sous les yeux cette combe où, ignorant le nom des successifs présidents du Conseil, j'ai mené une véritable vie d'homme. Voici le toit brun du logis, le couvert gris de la grange et des écuries, le pailler et ce hangar de chaume, bancal, sous lequel dorment les coupe-racines, les poules gonflées d'aise dans la poussière et le tilbury servant de perchoir aux dindes.

Tout autour, c'est une terre usée, par places inégales, par le piétinement familier, l'orme sec où grincent les pintades, le tas de sarments où nichent les vipères et, sur le pâtis, le traîneau à bois, laissé là comme un squelette de grand échassier blanchissant au soleil.

Voici le lavoir un peu disjoint dont on dit tous les soirs qu'il faudra qu'on le répare. De là, l'eau se perd au profit de vaines renoncules.

Là aussi les spécialistes du Service agricole, s'ils avaient le courage de monter jusque-là, nous diraient : « Drainez cette mouille où s'égare l'eau dont manquent vos friches d'en bas, que vous pourriez alors mettre en valeur ! » Et le beau-père répondrait : « Bah ! ça nous ferait bien du travail. »

Ce laxisme effarant au siècle de la productivité permet pourtant à huit personnes de vivre sans histoire. Huit personnes car nous avons fait deux petits, un garçon : Vincent et une fille : Jeannette.

J'ai fait le tour du monde pour trouver tout ça ici, et ces gens, sortant de mon passé de fou, viendraient me l'arracher ?

J'ai presque noté, au jour le jour, les convulsions de notre solitude. J'ai bloqué tout cela, je ne sais pourquoi, sur un agenda des magasins du *Pauvre Diable* de l'année lointaine de 1922.

C'est à l'aide de ce document que je reconstitue le drame. En le feuilletant maintenant, il me vient comme des nausées, je ressens une crispation au plexus solaire, puis la veine jugulaire se met à gonfler, la sueur perle à mes tempes. Il est temps alors d'aller chercher la grande boîte de quinine, pour éviter le pire. Je n'arrive pas, néanmoins, à arrêter ces grosses colères qui ont fait ma réputation.

Ces étrangers dans la combe provoquent un grand silence des hommes et des choses. Le beau-père Féli, lorsque je lui en ai parlé, n'a rien dit. Sur le soir, pourtant, ayant enlevé sa culotte pour se coucher (il s'étend dans le lit à baldaquin, dans la salle commune, aussitôt sa soupe avalée), il est resté debout, en pan de chemise, l'œil vague et il a grogné :

« Du pétrole… de l'uranium ? Mais quelle drôle d'idée ! » Puis il s'est fourré sous les draps avec cette prestesse qui m'étonne chaque jour.

Mais feuilletons mon journal :

Le 10 novembre. Les prospecteurs sont revenus. On les voit aller et venir dans le versant d'en face.

Ils portent sur le ventre le baudrier de cuir que je connais bien. Ils auscultent la terre pas à pas et le beau-père les regarde sans arrêt. Il a l'œil fixe et ne dit pas un mot.

Sur le soir, alors qu'ils arrivaient sur nos propriétés, le père Féli a lâché la pioche et les a rejoints :

« Salut !
– Bonjour.
– Alors on cherche des cailloux ?
– Oui. »

Il a hésité un instant, puis il leur a dit :

« Allons, vous viendrez bien boire un coup ? »

Ils ont refusé ; le père Féli est remonté sans mot dire.

A table, personne ne parlait. Il était comme paralysé et n'a pas touché à son assiette. Soudain il a donné un coup de poing terrible sur la table et, les pupilles dilatées, il a dit, d'une voix froide :

« Rien à attendre de bon des gens qui refusent un canon ! »

Le 12 novembre. Une équipe est venue avec trois camions à chenilles ; ils ont commencé à monter une baraque qui fait une tache sombre dans la friche.

De ce moment, le père Féli a disparu. Il était pâle comme lorsqu'il tient le drapeau, devant le monument aux morts, les jours de fête nationale.

A dix heures du soir, le Féli n'est pas encore rentré. Les femmes disent le chapelet.

J'ai sellé la Cocotte et, en pleine nuit, je pars à sa recherche.

Deux heures du matin : j'ai fait la tournée des fermes. On l'a vu aux Gordots. Il était arrivé sans dire un mot, on lui avait servi à boire, il avait demandé une brouette, une pioche et une pelle et il était parti du côté des masures des Bergeries.

Je me suis dirigé de ce côté, mais je n'ai rien vu. J'ai appelé. Rien n'a répondu.

Le 13 novembre. Il n'est toujours pas rentré.

J'ai tranquillisé les femmes en leur disant qu'il devait être parti en tournée de braconnage.

Le 14. Nous l'attendons toujours. Je suis allé dans les bistros où il lui arrive, deux ou trois fois par an, d'aller jaser avec des copains de la guerre de 14.

On l'a vu chez la Jérémie mais on n'a rien voulu me dire de plus.

Le 15. Il vient de rentrer, sur le coup de midi, hâve et crotté comme un chien courant qui a cassé sa laisse.

Sans dire un mot, il a flanqué un grand coup de pied à notre Mirette qui lui faisait fête et il est allé se coucher sans se déshabiller.

Il ne s'est pas endormi tout de suite, j'en donnerais ma tête à couper, car je l'ai entendu se retourner et s'agiter.

Le 16. Il s'est levé à six heures du matin et a réveillé toute la maison d'un énorme éclat de rire. Puis, en chantonnant, il a regardé le chantier d'en face.

« Toi qui connais le métier, m'a-t-il dit d'un ton jovial, tu devrais aller voir leur installation ! »

J'allais partir lorsque deux gros camions Dodge sont arrivés, coupant au plus court dans la friche. Ils amenaient le bâti d'une foreuse Taylor dont j'ai très bien reconnu les grandes pattes de crabe. Souvenirs.

Une équipe a l'air de creuser des trous, sans doute pour planter des pylônes et amener le courant nécessaire.

Nous allons avoir cette lèpre sous les yeux désormais !

Le père Féli a hurlé, toute la journée, son air préféré : « Vous n'aurez pas l'Alsace et la Lorraine. »

Le 20 novembre. Le bâti de la foreuse est debout.

On vient d'amener les trépans et une grande quantité de tuyaux de vingt *inches*. Bigre ! On s'attend à un gros débit ?

Pourtant ça m'a l'air d'être une simple installation de sondage.

Le 21 novembre. Le courant vient d'arriver. On entend le bruit du moteur, cette vérole du silence, cette pourriture, ce cancer. On croirait que le métro passe dans la combe. Plus moyen de s'en séparer. Même lorsqu'il s'arrête, on l'entend encore.

Le père Féli a ricané : « Chantez votre petite musique, moi je vous en réserve une autre ! »

Le 22. Le moteur a tourné toute la nuit, la perforatrice a commencé de grincer. Personne n'a pu dormir. Le père Féli ne s'est pas couché. Je croyais qu'il allait disparaître, comme l'autre jour, mais il s'est contenté de marcher à grands pas dans les éteules jusqu'au petit jour.

Au matin, il a les yeux hagards et ses mains tremblent.

Les enfants, qui n'ont pas fermé l'œil de la nuit, pleurent.

Il m'a fallu ma petite dose de quinine, hélas, et cela n'a pas empêché ma crise de sueur et de colère.

Comme un fou, tout frissonnant, j'ai enfourché le vélo et j'ai gagné le village par les raccourcis.

Je suis arrivé chez le maire alors que la crise était au paroxysme…

Le journal n'en dit pas plus, mais je me souviens d'être arrivé au château comme le comte finissait de prendre le café dans la grande salle.

Il y avait assez longtemps que je n'étais entré au château. J'ai été bien surpris de voir le désordre et la saleté qui y règnent. La grande salle, si imposante autrefois, est maintenant un bric-à-brac de vieux meubles cassés, de tapis qu'on n'ose plus taper. Des peaux de bêtes, pelées, ne sont là que pour cacher les reprises du parquet exécutées par un bricoleur dont la maladresse rejoint délibérément l'incapacité (le comte lui-même, sans doute).

Si le vieux comte de Villotte voyait ça !

Monsieur de Villotte, le jeune, m'a reçu avec beaucoup de distinction. A peine entré, sans même m'asseoir sur le fauteuil qu'il m'offrait, je lui ai dit, de ma mauvaise voix :

« Monsieur le maire, quand tout cela va-t-il finir ?

– Mais quoi, mon ami ?

– Ce tintamarre dans la combe.

– Quel tintamarre ?

– Ignorez-vous qu'une équipe de prospection travaille dans la combe, sur vos terres ?

– En effet… on est venu m'en parler…

– Les équipes travaillent jour et nuit, il nous est impossible de dormir.

– Vraiment ? C'est épouvantable !… D'ici, voyez-vous, nous n'entendons rien… L'écho est brisé de telle façon que…

– Monsieur, il faut faire quelque chose.

– Mais quoi ?

– Nous n'avons pas besoin de cette plaie dans la région.

– Voyons, mon cher, une grande industrie va nous amener la prospérité…

– Je suis allé chercher le pétrole dans le golfe du Mexique, au bord de la Caspienne, dans le Matto Grosso et sur le pourtour du Hoggar. Je parle de ce que je connais. L'ouverture des puits a toujours amené la cupidité, l'alcoolisme, la surpopulation, la maladie, le luxe, la débauche et l'esclavage, bref : la misère.

– Pourtant… le progrès…

– Appelez-vous progrès les corons, les ateliers, les brais poisseux qui coulent dans les ruisseaux, les goudrons qui rongent les herbes, étranglent les arbres, les gaz qui brûlent tout et transforment un pays verdoyant en un cratère où les animaux même se font honte de vivre ?

Voyez-vous votre château environné de derricks, votre parc livré aux bulldozers ? »

Le comte a souri avec indulgence. Il a eu un geste très paternel en disant :

« Mon cher ami, vous êtes un poète, mais le plan d'organisation du territoire n'est pas la Société des “Amis de la nature” ni “l'Amicale de la Conservation des Sites”. Elle voit la question sous l'angle économique. Elle n'a en vue que l'accroissement du bien-être général…

– Qu'appelez-vous bien-être ? La cantine à la place de la table familiale ? Les piscines en céramique à la place des parties de cul mouillé dans l'eau de la rivière ? Les… »

L'air las et sûr de lui, il me laisse aller et, lorsque je reprends souffle :

« Mon cher, vous semblez oublier qu'il s'agit aujourd'hui, pour la France, de tirer parti de tout son potentiel afin de pouvoir jouer sa partie dans le concert international. Vous êtes un rêveur individualiste, un "asocial" doublé d'un sophiste adroit, mais vous êtes trop intelligent pour qu'il vous échappe que la grande industrie est quand même une source de vitalité et de puissance…

– En fait de vitalité, vous savez ce qui va se passer ? »

Très sciences Po, il répond :

« Je le devine aisément : les terrains vont prendre de la valeur, les habitants du village seront aisés car la Standard va acheter…

– C'est une façon bien matérialiste de voir la question, monsieur le comte. Est-ce bien généreux de vendre ainsi notre "cher pays" aux trusts internationaux par lambeaux ? »

Il accuse le coup et se tasse dans son fauteuil. Je poursuis :

« Ici, tout le monde possède sa petite maison, son verger, sa petite vigne, son puits, sa source. En achetant tout ça, les trusts du pétrole vont transformer ces petits propriétaires en prolétaires.

– Et alors ? Ils travailleront aux usines.

– Ils deviendront des petits salariés… donc des communistes !

– Pourquoi des communistes ?

– Il n'y a pas d'exemple que des salariés prolétaires ne soient pas devenus des communistes. Surtout s'ils font un travail répugnant, banal, odieux, inhumain et mal payé.

– Les sociétés payent bien !

– Les ingénieurs sont bien payés. Pas les manœuvres. Et tous ces gens seront manœuvres… »

Mes gestes sont saccadés. Je feins de sortir et, la main sur la poignée de la porte :

« Au fait je me demande si cette vaste expropriation par le

Progrès n'est pas la première phase de déshumanisation mondiale et de nivellement général à zéro pour s'acheminer vers le grand kolkhoze ? »

Le comte réagit mollement :

« Vous exagérez beaucoup.

– Monsieur, je vous parle de ce que je connais. Il faut faire quelque chose ! »

Il lève les bras au ciel : « Mon pauvre ami, que voulez-vous que je fasse ? Ces grands trusts s'occupent-ils du maire de la commune de Villotte ? Ils disposent de l'expropriation légale et de toutes les prérogatives de l'utilité publique, ils taillent, ils tranchent… Savez-vous que les travaux étaient commencés sur mon propre terrain avant même que j'en fusse avisé ?

– Mais groupons-nous, formons un syndicat intercommunal dont vous prendrez la tête… »

Il éclate de rire :

« Comment ? Qu'entends-je ? L'anachorète qui parle de groupement ? L'anarchiste qui préconise l'union ? Le syndicat ? Le président ? Vous voulez vous retrancher de la société et vous venez lui demander secours ? »

En me retournant, je vois une grande plaque de bistre qui descend le long du mur et longe la tenture à fleurs de lis. Les fauteuils, aux reps mangés de mites, sont retapés grossièrement ; à la cimaise, la collection d'andouillers et de trophées de chasse est enveloppée d'une fine gaze de toiles d'araignée et de poussière qu'on n'a pas essuyées depuis des mois, faute de personnel, et en sortant, je bute dans une lame de parquet. Il ne m'échappe pas que l'énorme et merveilleuse toiture du château menace ruine.

Le pétrole tombe ici vraiment à pic.

Là-dessus, je file à Migny, à la gendarmerie. Histoire de m'en prendre à quelqu'un. Le gendarme de garde, avec qui j'ai bu le vin blanc à la foire, me reconnaît. C'est un beau gendarme. Ruban jaune, ruban vert et ruban rouge. Un brave. Il m'accueille en riant :

« Alors, il paraît qu'on trouve du pétrole chez vous ?

– Hélas !

– Comment, hélas ? Il y a du pétrole dans votre jardin et vous vous plaignez ? Vous voilà riche, mon vieux ! »

C'est curieux comme tous ces bons Français décorés sont prêts à vendre le plus cher possible la terre des ancêtres aux premiers étrangers venus.

« En attendant, dis-je en offrant une cigarette, je viens porter plainte.

– Plainte ?

– Tapage nocturne. Le chantier fonctionne jour et nuit. Impossible de dormir.

– Mais, mon cher ami, le pétrole… ?

– Un jerrican de pétrole n'a jamais valu qu'on empêche de dormir deux enfants.

– Mais si vous habitiez Paris, le métro… »

Je hurle :

« Mais justement je n'habite pas Paris. J'ai précisément sacrifié beaucoup de choses pour ne pas habiter une grande ville !

– Vous fâchez pas ! »

Pendant que je me calme, il révise sa leçon, puis il prend un air important et dit, d'une voix de cuistre :

« Il ne peut pas y avoir de tapage nocturne dans une agglomération de moins de dix habitants. »

Passons. Simple intermède comique. Il y a plus drôle encore : Migny, petit chef-lieu de canton, ressemble aujourd'hui à la cour d'une ferme le jour de la saillie de la jument vierge. En effet, ce jour-là, l'étalonnier est là qui prépare le travail et nettoie l'engin, les volailles sont autour qui attendent, tout en becquetant le crottin juteux de l'étalon et en supputant ses chances. Les enfants sont là aussi pour voir si le forage marchera, source de délectation morbide et de revenus. Tout le monde attend.

Ici aussi tout le monde attend. On attend que le viol de la planète soit consommé. On caresse de la main cette bonne vieille boule terrestre que des maquereaux sont en train de dépuceler sans honte du côté de Villotte. Par ce coït va sortir d'elle, personne n'en doute, une toison d'or que sa pudeur stupide et malsaine retenait en son somptueux utérus ; ça va éclabousser le monde d'une pluie de richesses !

Pourtant on est un peu inquiet : si elle allait se mettre à protester ?

Un gendarme revient au grand galop de sa bicyclette. Il a vu les trépans, les sondes, la boue et tout. « Ils sont à 1315 mètres de profondeur ! crie-t-il.

– 1315 mètres ! Tu te rends compte ? Plus de quatre tours Eiffel ! »

On se pâme. L'être humain se laissera toujours prendre au vertige de la pénétration. Ils ne savent pas bien si tout ça ne va pas se terminer en cataclysme, mais ils sont contents. Ils en veulent même à la terre d'avoir retenu si longtemps le pus précieux que les fraises rotatives de ce curieux pénis, dont tout le monde parle, vont l'obliger, enfin, à restituer.

On fait cercle autour du gendarme.

Les filles se trémoussent en ricanant, tout heureuses dans l'attente de l'âge d'or où les usines auront besoin de dactylos bien roulées et où, dans les dancings à néon, pulluleront enfin les durs de durs et autres repris de justice un peu dévalués.

De temps en temps on regarde du côté de Villotte et de la Perrière pour voir si les premiers spasmes de l'orgasme ne feraient pas s'ouvrir la vallée, ou se cambrer la croupe de la montagne.

Le curé doyen de Migny vient à passer. Il attend, lui aussi, cette source puante que les chères créatures de Dieu vont faire jaillir, nouveaux Moïse, pour leur salut.

Je lui dis :

« Ils attendent le pétrole comme ils attendaient la guerre. Ils se doutent bien que ce sera une catastrophe où leurs filles seront prostituées, leurs fils châtrés, leurs puits pollués, leurs légumes empoisonnés et où ils perdront même leur oxygène vital, mais ils attendent quand même avec impatience…

– Mon cher enfant, répond le doyen, l'homme est ainsi fait. Nous n'y pouvons rien. Et pouvons-nous dire d'avance si cet élément nouveau dans la vie de nos chères régions ne sera pas utile à leur âme ?

– Vous êtes magnifique, monsieur le curé ! Pendant l'Occupation, vous m'avez dit : cette défaite de 1940 sera peut-être le coup de trompette qui réveillera leur âme ? Ensuite vous avez compté sur les restrictions, la famine, le désespoir pour donner à vos ouailles la nostalgie de la vertu. Aujourd'hui, c'est le pétrole qui va sauver le monde. J'en accepte l'augure, mais laissez-moi vous dire que je n'y compte pas tellement… »

Il part d'un rire bon enfant :

« Votre ironie ne m'étonne pas. Vous êtes un incroyant, donc un pessimiste, mais le pétrole, voyez-vous, comme la guerre, est dans les vues de Dieu…

– Satan aussi est dans les vues de Dieu et pourtant vous nous recommandez de le combattre. »

Il éclate de rire encore. Le sacerdoce, pour lui, c'est une bonne partie de rigolade. Tout à coup il me prend la main :

« Trêve de plaisanteries. Vous qui êtes un spécialiste, y croyez-vous au pétrole ?

– Si j'y crois ? Si j'avais à prospecter pour mon compte et que je n'aie aucun respect pour mes frères les hommes, c'est là que je percerais. Tout le pourtour du massif morvandiau est intéressant, ça crève les yeux.

– Où en sont les travaux ?

– Selon mes petits calculs personnels, ça pissera avant dix jours, ou jamais. »

Il se frotte les mains, simple tic professionnel, me souhaite le bonsoir et s'en va en hâtant le pas.

Il irait s'inscrire pour un paquet d'actions que ça ne m'étonnerait pas.

Le coiffeur qui voit déjà son échoppe transformée en « Lavatory » m'arrête au passage, les yeux brillants d'émotion :

« Alors, ça marche là-bas ?

– Comme disait le grand Churchill, ce sera dur, ce sera long, mais nous irons jusqu'au bout. »

Plus loin, maître Goujardot, le notaire, m'offre l'apéritif. Lui aussi veut des renseignements de première main.

« Pensez-vous que le gisement soit important ?

– Difficile à dire, mais je pense que votre secteur "Vente de terrains" va fonctionner. Embauchez des clercs, maître Goujardot, mais faites blinder les portes de votre chambre forte… et entraînez-vous à la mitraillette ! »

Là-dessus je sens qu'il me faut quitter cette bourgade dont l'émoi m'horripile et me confond. Si je reste, je vais me mettre à les accabler de mes sarcasmes. Encore une fois on me traitera de cynique, et moi, j'aurai la mort dans l'âme. Je voudrais leur dire comment les tribus heureuses que j'ai vues sont mortes rongées par une sordide agonie dès que l'or noir s'est mis à couler. Le cas des Micoujeros, par exemple… Mais à quoi bon ?

Me voici dans le faubourg de Josuë, l'ancien quartier du petit peuple, des journaliers, des vignerons, des piocheurs. Les maisons s'y bousculent, le long de la rue en pente, en cortège cocasse, rafistolées de glycines, recousues de lierre. Ici, il y a plus de centenaires que de champions de tennis, plus de balais de jonc que d'aspirateurs et il s'y mijote de fameuses meurettes. L'urbanisme se résume à laisser pousser l'herbe et les orties sur les vieux fumiers et la glycine sur les toits.

Le père Landrot qui sirote sa trempuce de dix heures me hèle au passage. Naturellement, il me parle du pétrole :

« On avait bien besoin de cette pouillerie !

– Mais vous allez vivre dans un pays riche, père Landrot. »

Il trempe une mouillette de pain dans son marc et soupire :

« Ouais, mais on peut dire adieu aux truites ! »

C'est la première réponse d'honnête homme que j'entende aujourd'hui. C'est le premier qui ne s'est pas laissé prendre au bla-bla des grands reportages et qui se montre capable de juger le fond de l'affaire.

Lui seul a estimé les choses à leur juste valeur. Il n'a pas eu besoin d'aller à Pittsburgh ni à Bakou pour savoir que le bonheur, c'est les truites dans la rivière.

Devant ce piocheur de vigne je me sens tout petit.

En remontant la côte, en face, tout Migny m'apparaît, étagé. Je le regarde. Je vois cette belle église tassée et toutes ces petites tuiles bourguignonnes, pressées comme des écailles sur le désordre des toits et des cheminées.

C'est plus fort que moi : ces vieilles bourgades m'émeuvent, non pour leur valeur artistique ou historique, mais à la pensée de tant de bonheur, blotti là, et qui s'ignore.

Je vois assez bien la gueule que ça aura, le soir, lorsque tous les beuglants et les cinémas, dans leurs baraques de ciment, zébreront la nuit de leur fluor et de leur néon, et que devant le grand toit doré de l'Hôtel-Dieu, la *banque* aura monté son building. Je vois très bien le coupe-gorge remplacer l'impasse, le parpaing primer le comblanchien et… la terrasse, l'inévitable terrasse, évincer la tuile plate. J'imagine le snack-bar, ses saucisses de chien avec les frites à la graisse de cheval crevé et les filles à la gueule plâtrée soignant leur surmenage chlorotique en suçant des glaces synthétiques. Je hume à l'avance les alcools frelatés, les coca-cola de misère qui remplaceront, si l'on peut dire, le petit vin clair du pays !

Je vois surtout les ateliers interminables où toutes les margotons du cru, talonnées sans pitié par une pointeuse électronique, huit heures par jour sans parler, se consoleront de feu les repas de vendanges en étiquetant 325 boîtes à l'heure pour des patrons impitoyables.

Je vois, oh ! oui, je vois très bien, les maniaques à l'affût dans les pissotières et autres déchets d'hommes, sous-produits de la grande industrie, se substituer aux piocheurs de vignes…

Pour qui le bonheur tient…

Dans une nasse où frétillent deux truites !

Et comme je remonte sur mon vélo, vient à passer, dans sa 2 CV, le docteur Prébin qui me fait signe de la main, en riant.

Il rit, le docteur Prébin. Il pense, lui, à tous ces détraqués qui vont venir faire la queue à son cabinet.

« Montez vite une clinique, docteur ! Vous qui végétiez dans un pays de gens bien portants, vous les aurez vos Chrysler grand luxe ! »

Je suis rentré à toute vitesse. J'étais tellement en pelote que je n'ai même pas senti les côtes qui, pourtant ici, ne plaisantent pas.

Tout bouillant, malgré le grand froid qui nous venait de l'est depuis la veille, je suis arrivé à la Perrière prêt à faire une nouvelle jacquerie. Je me voyais déjà prêchant la croisade, sauvant la France de cette invasion, épargnant à la race qui a construit les cathédrales de s'encagnarder…

J'ai trouvé, devant la maison, plusieurs attelages attachés aux anneaux. Les chevaux piaffaient sous leurs grandes couvertures de cavalerie. Leur sueur, qui givrait sur les harnais, les auréolait de vapeur.

Dans la grande salle, j'ai trouvé une assemblée de peaux de biques groupées devant la cheminée, buvant du ratafia. Lorsque je suis entré, ils se sont levés, m'ont serré la main d'un air gêné et sont partis, enveloppant leurs bêtes d'un savant coup de fouet.

C'étaient tous des hommes des fermes isolées.

Lorsqu'ils furent partis, le beau-père m'a demandé :

« Alors ? Qu'est-ce qu'on va faire ?

– Il n'y a rien à faire.

– Mais toi qui as de l'instruction, tu vas nous défendre.

– Vous défendre contre qui ? »

Il m'a regardé bien en face :

« Jefkins, si le pétrole sort, on est foutus ; toi qui as voyagé, tu le sais bien.

– Oui, je le sais, mais il n'y a rien à faire. »

Il avait les yeux exorbités. Il m'a serré le poignet à me le casser :

« On a encore des fusils, tu sais, et même mieux ! On te suivrait. Tu n'as qu'à dire, on fera ! »

J'ai haussé les épaules :

« Nous n'avons pas les moyens de lutter. C'est enfantin ! »

J'ai dit cela en ricanant, mais j'étais plutôt ému. (C'est naïf à pleurer, ces solitaires qui prennent sur eux l'honneur de tous les hommes et se croient désignés pour les sauver d'eux-mêmes !)

Et puis je me suis vu à la tête de cette bande de sangliers armés de fusils à baguettes, défendant pied à pied la dernière grotte contre un détachement de gardes républicains.

Très décoratif. Excellent souvenir pour meubler les loisirs de vingt ans de relégation.

Le 25 novembre. Sur le soir, la première neige se met à tomber. L'année dernière, elle nous avait fait pousser des cris de joie. Cette année, nous n'y faisons même pas attention. A chaque instant, l'un de nous ouvre la porte pour regarder dans le versant d'en face. Personne ne parle. Le pépère est inactif. Le père Féli est farouchement accroupi sur le poêle de faïence et ne panse même plus ses bêtes. Seules, les femmes, rivées aux besognes essentielles, vont et viennent avec obstination.

Dehors, on entend les moteurs et le grincement des vilebrequins qui, depuis midi, râlent comme des rhinocéros blessés. Ils doivent avoir atteint un banc de roche dure. Les transmissions geignent et les hommes donnent des ordres dans la nuit. Le fond sonore est constitué par le ronronnement, sur deux tons, des dynamos.

Un murmure à deux voix leur répond. Maman Fine et la grand-mère prient à la tierce :

Ave Maria, gratia plena…

Sancta Maria, mater Dei…

Do, mi bémol.

Le chapelet vient à leur secours. Engourdies dans ce ronron, elles semblent ne plus penser.

Des vrilles d'acier ou de prière, lesquelles céderont les premières ?

Le 26. Le père Féli a disparu, comme la première fois. Le matin, il s'est lavé les pieds. Geste exceptionnel qui précède exclusivement les quatre ou cinq grandes bordées annuelles.

Mais au lieu de claironner, comme il le fait d'habitude, les sonneries de trompette du 24e Chasseurs, il est resté muet pendant toute la durée de l'opération et il a durement rabroué les enfants qui, à l'accoutumée, se tenaient debout devant lui et prenaient un vif plaisir à voir tomber, sous le canif bien aiguisé, d'énormes callosités dont la chienne s'emparait pour aller les mâcher près du feu.

Là-dessus il a mis ses brodequins ; il a vitupéré l'eau et le savon qui ramollissent les pieds et rendent la marche impossible, puis, alors qu'on le croyait en train de graisser son fusil, on s'est aperçu qu'il avait quitté la maison.

J'ai retrouvé ses traces dans la petite neige poudreuse qu'un fin grésil mouillé n'arrive pas à recouvrir. Il a longuement suivi la roche et a fait un bond énorme pour rejoindre la petite sommière, puis le rupt de Montrecul.

Il doit marcher très vite.

Au fur et à mesure que nous montons, les taillis se prennent en givre. Sucre candi. On se croirait dans le fond d'une bouteille de kummel. Hampes des grandes gentianes jaunâtres, ombelles pourpres des mancennes, chapelets de corail des épines-vinettes, fantômes sombres des genévriers, grandes herbes cristallisées, confites de froid, ronciers noirs, petits chênes, blancs comme des madrépores, où les lanières des clématites font figure d'algues mortes. L'haleine fait des bulles de buée.

Les traces m'emmènent au-delà des chaumes d'Arvenay, elles longent les Grandes Cépées, évitent les terrains découverts et nous voilà sur les versants du nord où tout est gelé à mort. Plus de traces.

J'écoute. Pas un murmure, sauf le grand vent d'est qui vient de se lever et qui coupe la figure en deux. Pas un roitelet ne bouge.

De guerre lasse, je m'intéresse au gibier, mais je ne retrouve qu'un pas de chevrette, vieux d'au moins quinze jours et, plus loin, le pied du mâle bien gravé en creux, mais damé par la pluie de l'autre semaine.

J'ai passé le reste de la journée à faire la tournée des fermes. On ne l'avait vu nulle part.

Ni Féli, ni gibier.

J'étais fourbu en rentrant à la Perrière.

Le 27 novembre. Les trépans tournent, tournent et s'enfoncent. On attend le grand événement. J'ai beau y voir le signal qui mettra définitivement fin à ma tranquillité, je guette le cri et le crachement monstrueux, ce pet de la terre, suivi de cette diarrhée graveleuse et hétéroclite tant attendue des prospecteurs.

Toutes réflexions faites, il y a un très beau moment dans la prospection, c'est celui-là. Le jet est le triomphe de la perspicacité et de la volonté de l'homme et ça ne manque pas de grandeur. Mais c'est tout de suite après que ça se gâte.

Attendons. On verra bien.

Le 28. Hier, nous avions attendu le père Féli toute la journée, puis nous nous étions couchés. Je sentais Louisette se tourner et se retourner. Je lui ai dit :

« C'est le bruit des moteurs qui t'empêche de dormir. »

Elle a hésité pour me répondre :

« Je crois bien que je suis enceinte. »

Le 30 novembre. Ça y est. Le pétrole gicle !

Vers le matin, j'ai entendu ce bruit de monstrueuse trompe à eau qui suit le départ du bouchon, puis, tout de suite après, des cris, des commandements brefs et le pétillement du geyser, comme un bruit de cascade qui, à cette échelle, ressemble au grondement d'un gigantesque feu de brousse et qui couvre péremptoirement tous les *Ave Maria* du monde.

En dix secondes, la maisonnée est debout.

Portes et fenêtres ouvertes, malgré le froid, nous tentons de voir quelque chose dans la nuit.

On entend le cliquetis des chapes qu'on serre, le tocsin des tubes entrechoqués qu'on assemble à la hâte et qu'on abouche, à l'aveuglette, à l'éruption, gerbe noirâtre et floue.

Le pétrole gicle et Louisette est enceinte. Voilà où nous en sommes.

Louisette a pleuré toute la nuit. J'ai voulu la consoler ; je lui ai dit :

« Bah ! un petit de plus, ce n'est pas une affaire ! »

Ça lui a séché les larmes. Elle s'est redressée, farouche, comme je l'aime, et elle a dit, très fort :

« Ce n'est pas pour cela que je pleure. C'est pour le pétrole. »

Sur le matin, le chantier s'est illuminé tout à coup (ils avaient monté des projecteurs alimentés par des groupes qui se sont mis en marche). La faible couche de neige est rongée sur une surface de trois ou quatre hectares par une flaque noire qui tend vers l'aval du chantier. Les hommes guêtrés et casqués s'agitent, les gaz envahissent la combe, le geyser monte, s'affaisse et rote avec des reprises et des borborygmes inquiétants, des grondements brefs et impérieux. C'est un personnage exigeant dont les caprices vont maintenant commander aux hommes qui l'ont déclenché. Il va les enrichir et les ruiner à sa guise, justifier et alimenter des guerres, imposer son rythme.

Les pionniers sont devenus esclaves,
Les portes de l'enfer sont ouvertes,
Le banquet du diable est servi.
A votre santé !

Visiblement et comme toujours en pareil cas, il y a pagaye sur le chantier. On cherchait le pétrole, on l'avait trouvé, on l'attendait, on pestait de ne pas le voir arriver, on le sentait, on y croyait : il arrive et on est pris au dépourvu.

Heureusement que, pour moucher, il n'y a rien d'autre à faire qu'à laisser filer pendant un moment. On a d'ailleurs l'impression, dans cette nuit de neige, que les champs, la maison, la forêt, la vallée, tout va être submergé par ce torrent de boue et de cailloux.

Je suis impatient d'aller me rendre compte sur place et tremper mon doigt dans cette bouse du globe, et triturer ça à pleines mains. Peut-être n'est-ce que de l'eau salée ? J'ai déjà vu ça et je me raconte l'histoire du Rio Falluce où, bouffés des carapates, la gueule rongée de scorbut, après trois mois de forage en ne consommant que du corned-beef, nous avons vu gicler une gerbe comme ça. A bout de ressources, la fortune nous souriait enfin ! Manque de pot, c'était de la flotte ! et rien d'autre n'est jamais venu.

Mon histoire me donne un peu de courage. Stimulé, je continue à accrocher un lambeau d'espoir à tous les souvenirs favorables à mes désirs. Je me dis que la poche est peut-être ridiculement petite et que, demain, tel l'enthousiasme politique des foules, nous allons voir le geyser se ramollir comme une chique et s'éteindre. J'évoque une combe redevenue silencieuse : l'herbe a repoussé, les moteurs sont partis, il ne reste plus que les deux baraques, rongées de lichen et de poussière, comme ces clains[1] abandonnés rencontrés dans la province d'Oaxaca, au nord de Salina Cruz, où un treuil finissait de se rouiller sous les tampicos, auprès de deux cadavres qui, la tripaille mangée par les coyotes, l'œil gobé par les fourmis, la lèvre racornie sur leurs dents déchaussées, rappelaient qu'en cet endroit infernal deux cupides andouilles étaient mortes d'épuisement sur un gisement mort-né.

A la lumière du jour, le geyser est moins impressionnant.

Hélas ! la combe grouille d'hommes et de machines. Pour descendre au village, il n'est plus possible de prendre le chemin. Non seulement c'est une fondrière où un chrétien disparaîtrait sans espoir, mais il est suivi par un double courant de gros camions Dodge, dont les roues mordent à belles dents notre jolie terre rouge. Tout ça monte en grondant à la Mouille-aux-Loups pour y porter un matériel énorme.

Je prends les raccourcis pour aller voir au village si on n'aurait pas des nouvelles du père Féli. Dès les premières maisons, je constate déjà de profondes modifications.

Deux baraques Adrian sont installées sur le pâtis, à l'endroit où, habituellement, les gosses font cul-par-dessus-tête.

L'une est le nouveau bistro surnommé « Cantine ». Il arbore, on ne sait pourquoi, un drapeau français légèrement défraîchi.

L'autre est le bureau d'embauche où un ramassis d'inconnus, surgis d'on ne sait où, font déjà la queue. Les murs sont couverts d'affiches. Les unes blanches et très modestes faisant appel à la

1. Construction avec imbrication (terme de marine).

main-d'œuvre locale pour l'exploitation du « nouveau bassin », d'autres, plus imposantes, convoquant à un « grand meeting » (déjà) les propriétaires des cantons de Migny, Bignot-sur-Besvre et Arcangey pour étudier la création d'un syndicat de défense : plus de dupes ! conclut un certain « comité de rédaction » qui pue le parti politique à plein nez. Plus de spoliation ! Venez à nous ! etc.

D'autres, immenses, invitant tous les « honnêtes travailleurs » à faire bloc pour engager la lutte contre les « négriers du pétrole » (la formule est assez juste) et, par conséquent, à adhérer à un parti que je ne nommerai pas.

Plus loin, un placard plus petit et assez ambigu, collé en porte-à-faux sur l'ancienne affiche de la Caisse d'Epargne, persuade poliment ses lecteurs en ces termes : « Il faut que cesse ce scandale ! » (suit une étude financière avec les expressions classiques : investissements, taux d'intérêt, productivité, balance commerciale, etc.)… Il ressort de ce bref tour d'horizon que, de plus en plus, on se moque de l'épargne française qui, pourtant, fait la richesse de la France et qu'il convient de défendre l'épargnant… *Adhérez donc…* etc.

Plus loin encore, crevant le mur gris des écuries du Popaul Dardillon, sur un papier jaune canari, en lettres bâton, cette question, lourde de conséquences et troublante d'incertitude :

« Quand penserons-nous enfin à Dieu ? »

Avec, en lettres grasses, des textes, très opportuns, de saint Mathieu, saint Irénée, saint Laurent et des prophètes Jérémie, Isaïe et David qui avaient prévu le cas du pétrole dans leur grande sagesse, pour la plus grande joie des prêcheurs en eau sale. Comme conclusion : « Lisez et faites lire la Bible. » Et, tout de suite : Librairie Evangélique, rue de Bellièvre, à Paris, et à Dijon, chez tous les « bons » libraires.

Enfin, sur le socle de la croix de mission, un très beau spécimen de littérature diététique adaptée aux conjonctures économiques, et dont voici l'essentiel :

Le pétrole, source de mieux-être et de progrès, jaillit un peu partout en France. Remercions ces admirables pionniers qui, parfois dans des circonstances pénibles et au prix d'un magnifique effort, travaillent à la construction du monde futur.

Mais que feraient-ils s'ils ne mangeaient pas de sucre ?

Faisons comme eux.

Mangeons du sucre.

En italique, en bas de page, bien candidement : « *Edité par le Comité social pour la Consommation du sucre.* »

Moi qui suis asocial, qui prêche l'isolement et l'indifférence politique et qui ne mange, en fait de sucre, que le miel de mes abeilles, de quoi ai-je l'air, je vous le demande ?

Voilà le miracle : une nuit de pétrole et déjà les charlatans sont là, injuriant le paysage, arnaquant le quidam et oblitérant son jugement ! Douze heures de civilisation minérale et concentrationnaire et voilà les rapaces qui arrivent à tire-d'aile, subodorant la misère et les bonnes poires qu'elle mûrit.

Et le plus fort, c'est que les poires se laisseront cueillir, que dis-je ? elles tomberont toutes seules dans la main des habiles. Mon guide brésilien, ancien jésuite, avait bien raison de me dire : si tu veux faire fortune, protège le faible.

Protège la femme en te faisant maquereau,
L'épargne en te faisant banquier,
Les ouvriers en leur créant un parti
Les animaux en te faisant maquignon,
Le malade en lui vendant des drogues,
Le pauvre en lui vendant la Bible.

C'est ce même bonhomme qui disait, en clignant de l'œil : « Il est plus facile de prendre les palombes lorsqu'elles sont en grandes bandes », ou encore : « C'est autour du troupeau que rôde le coyote. » A l'époque, je trouvais ce langage sentencieux, outrecuidant, aujourd'hui je lui trouve une saveur cruelle qui me plaît.

Pas plus que ce qui va suivre ces réflexions ne figurent sur mon carnet de poche. Elles me sont venues en faisant le bout de chemin qui conduit à l'auberge où je comptais avoir des nouvelles de mon beau-père. Elles se précisent aujourd'hui alors que je me contrains de rédiger, pour qu'au moins une voix s'élève, notre déplorable aventure.

A l'auberge où j'entre un quart d'heure plus tard, il y a foule : des journalistes de Dijon et de Paris, des curieux et des habitués.

Les journaux viennent d'arriver. Tout le monde les lit. Sans les journaux l'homme moderne ne sait ni le temps qu'il fait, ni comment il se porte, ni s'il est bien gouverné, ni s'il doit se réjouir ou s'attrister.

Pour la première fois peut-être depuis dix ans, j'imite mes contemporains et j'ouvre un canard. Les titres seuls me suffisent.

A la « une », en grosses capitales :

« LE PETROLE JAILLIT EN BOURGOGNE ! »

Naturellement, le plumitif de service se croit obligé de pousser un cri de triomphe : la France, la pauvre France qui, jusqu'à ces jours derniers, ne produisait pas de pétrole va enfin posséder plusieurs gisements.

Le sous-titre ajoute :

« On espère même trouver de l'uranium ! »

On « espère » ! Et avec quelle impatience ! On se demande même comment le père Landrot, pieds nus dans ses sabots, a pu vivre jusqu'à quatre-vingt-quinze ans sans uranium, sans Spitfire, sans chaussette en nylon et surtout sans savoir que l'atome (ô merveille !) peut se désintégrer.

Mis en voix par le verre d'aligoté que m'offre l'hôtesse (il est même bien possible que j'aie bu deux verres coup sur coup), j'éclate de rire et j'enchaîne :

« C'est à croire que l'éleveur de l'Auxois, le sabotier morvandiau, le vigneron de la Côte, le ventre jaune de Bresse, le bûcheron de l'Arrière-Côte, le planteur de patates, le preneur de vipères, l'apiculteur, le traîne-savates, le curé doyen, le forgeron, le coupeur de paisseaux, le ramasseur d'escargots, le fabricant d'alambic, le magnin, tous ces gens qui, en vingt siècles, firent la Bourgogne, plongés jusqu'aujourd'hui dans l'angoisse et l'obscurantisme, écrasés d'ignorance et de superstitions, ont attendu d'être arrosés de pétrole pour s'épanouir à la joie d'être ! »

Tout le monde m'écoute. En quelques mots je leur dis ce que je sais sur la civilisation du pétrole et je termine par une ode à l'ingénieur, le grand emmerdeur des temps modernes.

Une voix, du fond de la salle :

« Ta gueule ! »

Un homme s'est avancé. Jeune. Canadienne et leggins. Il est solide et bronzé par le grand air.

Il dit :

« Je suis ingénieur.

– Pas de quoi être fier.

– Je regrette, figure-toi que j'en suis fier.

– Parce que tu as une imagination de goniomètre ? Tu es encore un de ceux qui foutront le feu à la planète par dévotion aux logarithmes, un fondu qui, faute de bander, fait l'amour avec sa règle à calcul et s'imagine qu'il nous intéresse. »

Il retire sa canadienne pendant que je continue en m'adressant à l'assistance :

« … Les petits cadeaux de monsieur l'ingénieur : l'avion de bombardement et la bombe atomique. Merci, monsieur l'ingénieur. Et pour ça, faudra-t-il vous faire servir une pension ? »

Il est pâle. Il dit :

« Péquenaud ! »

Je suis sur lui et je lui en mets un du gros calibre. Il l'encaisse très joliment. Monsieur a fait du sport ? Parfait. Il revient très fort, loge un crochet malchanceux qui tombe dans le creux de ma main, et veut placer une cravate qui lui vaut mon fameux coup de pied au nombril, mais il l'esquive avec assez d'adresse, m'attrape le pied droit au vol et se prépare à lui faire subir le sort d'une serpillière. Monsieur a travaillé la question, c'est certain. Alors, mon vieux, tu l'auras voulu : les mains au sol et mon pied gauche lui caresse le menton. Il lâche prise. Comme je suis à quatre pattes, il tente de me placer le coup du père François mais c'est là que je l'attendais. Voilà sa tête sous mon bras droit. C'est une cravate qui tient chaud, boy ! et je te le débarbouille de mon poing gauche jusqu'à ce que le sang gicle.

Je le lâche.

Il reste un peu penché en avant, me cherchant à tâtons, je le relève d'un bon crochet à la carotide. Il est debout, en perte d'équilibre, la bouche ouverte. Je la lui referme d'un uppercut maison.

Il tombe gentiment, alors que les journalistes photographient.

Pendant qu'on s'occupe de lui, je feuillette encore les journaux. J'y lis notamment un article satisfait, publié sous le titre : « Migny deviendrait-il notre Uranium-Ville numéro 1 ? »

On aurait, paraît-il, constaté, au cours d'une prospection très poussée, que la région serait également riche en autunite.

Pétrole, uranium. Non vraiment, c'est trop de bonheur !

Jefkins, il est temps de filer.

Bien content d'avoir rossé un de ces malfaiteurs. Malheureusement, je n'ai toujours pas retrouvé mon beau-père.

Le 15 décembre. Il y a aujourd'hui dix-neuf jours que le père Féli a quitté la maison. On m'a dit qu'il s'approvisionnait à la ferme du Gros-Chêne, à celle des Farges, ou encore à la Noue et à la Belle-Thérésa. Rien que des fermes isolées, perdues dans les forêts morvandelles. Il ne semble pas se hasarder dans la vallée ni du côté des Bourgs-Neufs. Je le crois capable de tenir le coup dans une cabane de bûcheron ou même avec des charbonniers qu'il essaie d'endoctriner. Il a de nombreuses connaissances parmi ces hommes des bois avec qui il a passé sa vie, et la Perrière a une parenté avec les maisons forestières où vivent les dernières familles, dans les secteurs perdus de Gergueil et de Saint-Vivant.

C'est là qu'il me faudra chercher.

Le 16 décembre. Il arrive dans la combe un matériel énorme.

Un pipe-line s'installe et semble vouloir traverser nos terres et au beau milieu de notre luzerne une équipe est déjà en train de préparer les dés de ciment et de piqueter le tracé.

Les travaux sont conduits par le jeune ingénieur catcheur de l'autre jour. Il fait des effets de canadienne au beau milieu de la combe et je vais le trouver :

« Savez-vous que vous êtes sur ma propriété et que je m'oppose à ce que l'on construise quelque chose ici ? »

Très courtois, il répond, presque en souriant :

« Je regrette, monsieur, mais je ne fais qu'anticiper les décisions de la Commission qui va mener l'enquête de commodo et incommodo.

– Vous êtes bien sûr de vous.

– Non, je suis habituellement prudent et circonspect, mais j'ai l'habitude, croyez-moi. Nous avons l'Utilité publique. Vous ne pouvez rien contre nous.

– Je le sais pardieu bien, aussi ma démarche est-elle purement platonique. Ce que j'en fais, c'est pour les vieux, là-haut, à la ferme. »

Il rit d'un air méprisant :

« Tranquillisez-vous. Lorsque vos “vieux” auront touché leurs indemnités d'éviction, ils changeront d'avis.

– C'est que précisément cette propriété nous intéresse et non les indemnités.

– Vous allez toucher au moins dix millions pour vos baraques et vos quatre arpents. C'est même une honte !

– Sans doute la Commission tient-elle encore trop souvent compte de l'homme, à votre gré ? »

Il a reculé d'un pas :

« Monsieur, je vous connais. Nous avons eu une explication orageuse l'autre jour, mais je reste sur mes positions. Il serait inadmissible qu'un original, par goût de la solitude et de l'inconfort, fasse échec au progrès sous prétexte qu'il vit encore comme au XVIe siècle.

– Je céderais volontiers à vos sophismes si je n'avais pas la certitude que la vie que vous proposez est inférieure, sur le plan humain, à celle du XVIe siècle. »

Il ricane :

« Vous ne pensez pas un mot de ce que vous dites ? Vous êtes comme tous les culs-terreux : vous faites un odieux chantage à l'expropriation ! »

Je réponds par une phrase à la François Coppée, on m'en excusera, qui masque mal mon impatience :

« Les culs-terreux, comme vous dites, n'ont pas attendu Einstein pour faire pousser votre blé ! »

Lui aussi est las de cette joute oratoire, fort appréciée des compagnons terrassiers qui ont saisi l'occasion de poser le pic.

« Monsieur, vous m'emmerdez, laissez-moi faire mon piquetage, dit-il.

– Monsieur, je vous emmerde, j'en prends acte, mais veuillez sortir de ma propriété.

– Considérez-vous dès à présent comme exproprié.

– Considérez-vous dès à présent comme expulsé. »

Il a retiré sa canadienne (c'est un tic) et exhibe un pull-over jaune citron. Il se croise les bras :

« Allez chercher la force publique.

– Je ne crois pas plus à la force publique qu'au progrès, boy ! En fait de force, je n'ai jamais eu besoin que de la mienne. C'est à celle-là que vous allez avoir affaire, monsieur l'ingénieur, et je serais fort étonné que vos compagnons y voient un inconvénient. »

Il me balance tout de suite un crochet au menton qui m'envoie bel et bien dans les pommes.

Lorsque je reviens à moi, une poignée de neige frottée sur le maxillaire me remet un peu d'aplomb. J'ai plutôt envie d'aller me coucher mais je ne puis laisser les choses en cet état. Ne m'a-t-on pas regardé de la ferme et ne vois-je pas Louisette arriver au pas gymnastique, serrée dans son fichu, suivie de près par mon fils armé de la fourche traditionnelle, arme modeste sans doute, mais qu'on trouve toujours du côté du plus faible, donc du Droit ?

Me voilà debout.

Une minute plus tard, c'est lui qui va lécher la neige. Voilà ce que j'appelle défendre son patrimoine.

Bien des généraux statufiés en ont moins fait que ça. Malheureusement ma victoire ne sera pas plus utile que les leurs : nous serons expulsés si l'utilité publique le réclame.

Les terrassiers emportent leur chef alors que la neige se met à voltiger. Le soir tombe. Les grands pylônes s'allument de leurs feux rouges, arbres de Noël lugubres où les corbeaux eux-mêmes n'oseront jamais se percher, et mon tas de fumier n'arrive plus à annuler, de ses chaudes et vivantes senteurs, l'écœurant relent de naphte qui me fait penser à des rues de banlieue crasseuse, du côté d'Alfortville ou de Montreuil.

Le 18 décembre. Avec les femmes, et sur le conseil du vieux grand-père, nous avons décidé de nous mettre à la recherche du père Féli.

Hier soir, un homme est venu nous raconter qu'il l'avait vu dans les coupes du Peux-Petu.

« Il marchait, nous a-t-il dit, comme un dératé, comme quelqu'un qu'aurait pas bien ses idées. Je me suis aperçu qu'il n'était pas normal au moment où je l'ai salué ; il n'a rien répondu et s'est mis à courir. Je me suis dit : tout ça n'est pas dans ses façons, il faut que j'aille les prévenir. »

Mon journal n'en dit pas plus, mais je me souviens être parti au matin à vélo. J'ai traversé le ravin et j'ai remonté la combe de Saint-Vincent-de-Bœuf.

Après la sapinière, la neige était tellement molle et si profonde que j'ai dû laisser la bicyclette dans la baraque du cantonnier et je suis parti à pied, par les traverses.

J'ai vu trois fumées bleues du côté du bois Manson. C'est sur elles que j'ai marché.

A midi, j'étais éventé par les chiens du chantier et une demi-heure plus tard j'étais aux huttes. C'étaient celles des Espagnols. C'est là que je cassai la croûte sans pouvoir rien apprendre de bien précis. Pourtant, il m'était confirmé que le père Féli errait par là. Les Espagnols ne l'avaient pas vu, mais on avait relevé ses traces, en bordure, du côté des gros taillis.

On m'y conduisit.

Je pris la trace et, comme un chien de chasse, me voilà parti dans la haute neige.

Tout autour, c'était un vrai paysage pour évadé : des baliveaux brisés à mi-hauteur par la neige, des ramilles couchées, entrelacées, formant des berceaux de glace hérissés de flèches, de tours, où mon passage déclenchait des avalanches.

Pourtant les traces étaient bien nettes et c'étaient celles du père Féli : je reconnaissais le cloutage du pépère Joseph. On le reconnaîtrait entre mille.

Je les suivais, le nez au sol.

A la nuit tombante, le ciel est devenu argenté comme le ventre d'un chien de mer. Les combes tournèrent au noir et, dans la glace pilée des nuages, la lune s'est mise à briller. Il me sembla revoir sans cesse les mêmes fantômes d'arbres, comme si j'avais tourné en rond. Les sous-bois étaient si sombres qu'on aurait cru voir des mains énormes se joindre au-dessus de ma tête.

Tout à coup, sur ma gauche, s'éleva un long hurlement aigu. J'en eus la chair de poule, mon fusil tomba tout seul de mon épaule. Le cri était celui d'un loup. Pourtant, je pensai qu'il n'y a pratiquement plus de loup dans nos pays. Je glissai doucement deux cartouches de chevrotines neuf grains et j'attendis. Cela s'arrêtait quelques instants pour repartir de plus belle.

Pendant deux bonnes minutes, ce fut une longue plainte entrecoupée d'éclats et, enfin, je compris que c'était une voix humaine qui hurlait le mot : Salauds !

C'était Féli qui était là, dans le plus fort du taillis et il m'avait éventé. Comme je ne faisais pas un mouvement, il y eut silence. Je fis craquer une branche. Il l'entendit et cria :

– N'approchez pas, ou je tire !

Là-dessus, un fracas de branches cassées comme au débuché d'un solitaire. Il s'était mis à courir. Je le suivis au son. C'était très difficile : il fallait m'arrêter, écouter, puis repartir.

Le pauvre Féli, lui aussi, s'arrêtait pour écouter, puis repartait de plus belle… Je pus ainsi maintenir le contact un bon moment, mais il sortit du taillis, gagna les friches et ses traces se perdirent.

Je descendis dans les roches et je gagnai la grotte du Peux-Petu.

A la vérité, je pensais y trouver le père Féli à bout de souffle, mais elle était vide. Pourtant la litière de feuilles qui y tient permanence pour les chasseurs avait été rafraîchie depuis peu et les cendres du feu étaient encore chaudes et couvaient un fumeron.

J'y jetai une brassée de viorne et, enfumé comme un blaireau, je m'endormis.

Avec le jour, je me mis à inspecter soigneusement la grotte. J'y trouvai un chiffon gras dont l'odeur d'armurerie me mit la puce à l'oreille. Puis dans une fente masquée par une brassée de mousse, une petite caisse de cartouches anglaises.

Tout me revint à la mémoire : la mitrailleuse héritée de la Résistance, en 1944, et cachée dans le poutrage de la grange, les caisses de cartouches enfouies dans la bergerie, les absences du père Féli…

J'avais désormais la certitude qu'outre le fusil de chasse, le père Féli avait une mitrailleuse et des munitions.

Pendant trois jours, j'ai visité toutes les fermes isolées. Avec les commis, j'ai fait des battues, tenu l'affût comme aux trousses d'une harde de ragots. Rien. Autant essayer de traquer un chat sauvage.

Comme le cuir de mes chaussures était gavé d'eau, à tant traîner dans cette haute neige, je suis rentré à la Perrière après quatre jours d'absence, bredouille comme jamais je ne fus.

Pour donner à mon récit le relief nécessaire, je reprends les notes que je retrouve sur mon agenda des grands magasins du *Pauvre Diable*, à Dijon :

Le 23 décembre. Le jeune ingénieur catcheur est venu à la Perrière. Il m'a salué et s'est présenté.

« Nous ne pouvons nous battre chaque fois que nous nous rencontrerons, a-t-il dit.

– Ce n'est pas vous que je combats, mais l'ordre de choses que vous représentez. Votre individu m'est plutôt sympathique.

– C'est donc l'individu qui vient vous voir.

– Alors, entrez. »

Il est entré et a regardé la grande salle, l'âtre rougeoyant, le poêle de faïence où ronflait un feu du tonnerre. Il s'est écrié :

« Vous êtes bien, ici.

– Voudriez-vous dire que vous appréciez nos modes désuets de chauffage et d'éclairage ?

– Je suis sensible à leur poésie.

– Comme vous vous imaginez, vous, les ingénieurs, avoir inventé le confort, vous ne voulez voir, dans les vieux modes de vie, que la poésie. »

Il m'a regardé :

« Allons, allons, détendez-vous, ne voyez pas la mauvaise foi chez tous les ingénieurs. Certains cherchent très sincèrement le bonheur de l'humanité.

– Mais l'humanité n'a pas besoin qu'on cherche son bonheur et les ingénieurs sont incapables de le trouver. La haute rigidité de leur intelligence, la froideur de leur documentation et l'orientation exclusivement technique de leur curiosité les empêchent d'y parvenir. Les plus sincères sont les plus dangereux. Le savant ne pense plus à l'homme, mais à la science. Les pires pensent à l'argent. Ils inventeraient la machine à tuer leur mère si ça devait satisfaire leur esprit ou gonfler leur compte en banque. »

Il allait répondre, mais il est tombé brusquement en arrêt sur le retable.

Oui, une sorte de très grande étagère, un vaisselier sur lequel ma Louisette expose les sculptures que je fais, le soir à la veillée.

« Qui a fait cela ? » a-t-il interrogé.

Louisette s'est avancée, avec ce regard de louve qu'elle a chaque fois qu'on parle de moi ou de mes œuvres :

« C'est mon mari. »

Il s'est retourné et m'a dit :

« Ainsi, c'est vous qui faites ça ? »

Puis il s'est mis à regarder les statues, ce compendium de saints, d'anges, d'hommes, de femmes entrelacés, de Christ et de monstres dont je peuple ce meuble étrange. Il a répété, mais à voix sourde, comme involontairement :

« Ainsi, c'est vous qui avez fait ça ?

– Oui. C'est moins dangereux pour l'humanité que la mécanique ondulatoire et ça crée le vrai confort. »

Il n'a pas répondu. On aurait dit une paire de tenailles à qui on aurait expliqué le mystère de l'Incarnation. Et pourtant, c'était un ingénieur exceptionnel puisqu'il avait remarqué les sculptures. Un vrai ingénieur aurait dû passer à côté sans rien voir. Il a même proféré :

« C'est beau ! » (Parole inespérée de la part d'un technicien.) Il ajouta :

« Mon vieux, avec ça, à Paris, vous feriez un boum ! »

Je lui aurais donné volontiers un coup de pied dans le ventre et pourtant c'est avec joie que je lui aurais demandé de répéter sa phrase, autant pour triompher que pour le mortifier.

Il eut un vague sourire et répéta, comme un écho :

« Ainsi, c'est vous qui faites ça… On m'avait bien dit… Bien sûr, la solitude ne vous pèse pas… Vous la remplissez de ces joies exceptionnelles…

– Exceptionnelles ? Ce sont les joies quotidiennes de n'importe quel sabotier, de n'importe quel menuisier, de n'importe quel forgeron de village, du premier berger venu… »

Il hochait la tête :

« Evidemment… Un artiste ne peut pas avoir les opinions de tout le monde ! »

J'ai hurlé :

« Mais tout le monde "était" artiste. C'est votre progrès qui en a fait des ilotes surmenés ! Il suffit de les laisser vivre pas pressés et légèrement oisifs, pour qu'ils redeviennent des gratteurs de cailloux, des bosseleurs de métal, des repousseurs de cuir, des chevaliers du canif, des zélateurs du graffito. Livré vraiment à lui-même, dégagé de toute spéculation mathématique, de toute combinaison bancaire, et de la hantise de l'emploi du temps, l'homme a vite fait de transformer ses murs en bas-reliefs, ses poutres en mâts totémiques, ses outils les plus familiers en œuvres d'art, sa modeste chaise en trône, et toute sa maison en une sorte de palais unique au monde.

– Allons, allons, la vie moderne a aussi ses joies. Vous vous recroquevillez ici, vous rejetez en bloc tout ce que vous ne connaissez pas…

– Erreur ! Avant de me fixer ici, j'ai parcouru le monde. J'ai même, Dieu me le pardonne, cherché du pétrole dans l'Aïr, les Tassilis, au Mato Grosso, au Mexique…

– Je sais, je sais. On me l'a dit. Mais depuis dix ans que vous vous êtes blotti dans votre refus comme blaireau en terrier, les choses ont changé.

– En mal.

– Dans ce monde nouveau, un homme comme vous pourrait…

– Un homme comme moi ? Mais je suis comme les autres et les autres pourraient être comme moi.

– Pourquoi pas vous comme eux ?

– Parce que je trouve idiot de m'aligner sur ceux qui se trompent… ou qu'on trompe ! »

Il a bu un coup. Il m'a donné des conseils pour mener à bien les pourparlers avec la Commission d'expropriation. A un moment, je lui ai dit :

« Avez-vous l'impression d'être tombé sur un gisement important ?

– On ne peut jamais savoir… Mais ce qui est certain, c'est que la Société achète toute la montagne et qu'on va percer ici, devant chez vous. »

La maman Fine a fait entendre un gémissement : « Ici ? » Le jeune ingénieur l'a regardée avec étonnement. Il attendait sans doute qu'on le remerciât de donner de « la plus-value », comme ils disent, à notre propriété. Il a dit :

« Enfin, je m'étonne… Il y a ici du pétrole et vous voudriez qu'on ne l'exploite pas. La France en a besoin, croyez-moi.

– Je me fous de la France ! Et vous aussi, vous vous foutez de la France et tout le monde se fout de la France, et d'abord et surtout ceux qui s'occupent de pétrole et d'uranium : votre affaire est montée avec des capitaux américains, dirigée par trois magnats, et vous êtes le seul ingénieur français. Là-dessus, vous allez aussi me parler du rôle de la France dans le concert international. Mais on le connaît votre concert international qui nous donne une symphonie pathétique tous les quinze ans avec vingt ou trente millions de morts à la clé… »

Il a encore regardé mes sculptures, me prouvant que sa formation technique n'avait pas encore tué l'homme en lui, puis il a dit :

« Vous devriez montrer vos sculptures à Paris ! »

Alors j'ai pris la mouche :

« Vous allez longtemps me casser les pieds avec votre Paris ? Ne peut-on plus faire un pet sans l'aller montrer à la foule ? Je ne mange pas pour la foule. Je ne dors pas pour Paris. Tout ce que je fais, c'est pour ma pomme. Pour mon plaisir, pour le plaisir de mes yeux, de mes mains, de mes doigts, de mes grands doigts osseux qui, sur une belle forme de beau bois, se mettent à jouir, oui, monsieur, à jouir !

Je ne fais pas l'amour pour donner un petit à la France ni pour donner un drôle au père Féli, ni même pour faire plaisir à ma femme, ni vous non plus d'ailleurs. Je fais l'amour pour mon plaisir, à moi, parce que le moment en est venu, sans même être capable de dire pourquoi le moment est venu.

Quand je travaille ou quand je me repose, c'est la même chose. C'est pour mon plaisir, à moi ! »

Pendant que j'envoyais cette giclée de paroles cent fois remâchées au cours de mes expériences sociales, il s'était mis à contempler les statues. Il en avait pris une dans sa main et la regardait. Longtemps après que j'eus terminé, il se mit à répondre :

« Vous avez des vues d'artiste, des vues particulières, excessives. Moi, je pense que l'individu ne peut atteindre son rythme, comme vous dites, que dans une société, oui, une société harmonieuse. Le progrès semble capable de réaliser cette harmonie en diminuant la peine de l'homme, en lui supprimant les occasions de souffrir, en multipliant les occasions de s'instruire et d'élever son niveau de vie… »

Et cætera…

Il en eut pour au moins cinq minutes à me sortir des âneries de ce calibre. A l'entendre, depuis les cavernes, l'homme avait vu sa situation s'améliorer sans cesse, sa bonté s'était accrue, ses mauvais instincts s'étaient émoussés, son intelligence s'était développée.

Il débita tout le boniment de l'illusionniste diplômé, depuis le frigidaire jusqu'au plancton suractivé, sans oublier bien entendu le pétrole, l'uranium et le silicone, et il évoqua l'ère où l'homme, remplacé par le robot, pourra enfin se consacrer, etc.

Air connu.

Dans un riant paysage, il me montra l'industrie, dame austère quoique bien en chair, accoudée à une roue dentée, en train de distribuer à tous et à toutes la vaisselle qu'on n'a pas besoin de laver, des bas qu'il est inutile de raccommoder, des machines à faire tout, même les omelettes, des radars et des appareils de télévision, alors que des ouvriers bien nourris s'extasient devant des machines à penser, sous le regard attendri d'une autre dame représentant « l'Art ».

Il compléta l'idylle en me montrant un quarteron de gars en maillots, occupés à tuer le temps à grands coups de pied dans un ballon, alors qu'un train télécommandé roulait à toute vitesse vers une usine où le travail se faisait absolument seul sous la surveillance de l'électronique.

Voilà l'humanité de demain présentée par un ingénieur ! C'était bêlant de niaiserie. Je n'ai pas pu m'empêcher de dire :

« Si on peut avoir un diplôme d'ingénieur avec une intelligence capable de concevoir de semblables espoirs, ne nous étonnons plus de rien… »

Pourtant le monde qu'il dépeint dans son rêve de bon élève est celui que nous promettent sans rire les savants les plus éminents. Il est si séduisant qu'on a envie d'y aller voir et il faut excuser les menuisiers de village et les commis de ferme qui sont allés s'embaucher dans les usines.

Comme j'avais envie d'aller me coucher, il n'a pas eu de peine à me prouver que j'avais tort, grand tort, de voir la question sous cet angle et qu'avec des gens comme moi il n'était pas étonnant que tout allât si mal en France et même ailleurs. Je pus simplement lui répondre que tout allait très bien pour moi avant que ses compétences ne vinssent foutre le bordel dans ma combe.

Le 20 décembre. Veille du drame, je lis sur mon agenda : « Sorti le fumier de l'étable et scié du bois d'avance pour repartir demain aux trousses du père Féli. Il n'est plus d'âge à jouer les maquis d'honneur et sa mitrailleuse peut lui jouer de mauvais tours, car, à mon retour, je l'ai cherchée cette fameuse mitrailleuse et je ne l'ai pas trouvée dans sa cachette. Les caisses de munitions aussi ont disparu. Que va-t-il faire ? »

A la date du 21 décembre, mon journal dit simplement :

« … C'est aujourd'hui jour d'inauguration du chantier. Six voitures de luxe, noires, sont arrivées au carrefour. Une vingtaine de messieurs sont descendus et… »

Et le journal s'interrompt brusquement.

En effet, il s'est produit alors une chose épouvantable dont mon journal ne dit rien, mais je revois la scène : les messieurs, en procession, s'approchent du chantier. Les ouvriers, en haie, les regardent monter. Les voici qui arrivent aux baraques. Une centaine d'hommes se trouvent rassemblés.

Tout à coup, une longue rafale de mitrailleuse balaie le chantier.

Un, deux, puis trois ouvriers s'effondrent.

Un temps d'hésitation. Puis la mitrailleuse reprend.

Ceux de la pioche et de la pelle, en deuxième classe prudents et avisés, sont déjà aplatis dans les moindres trous mais les ingénieurs, avec le retard qui caractérise l'officier de réserve, cheville ouvrière de l'armée française, tournoient sur place en levant les bras et finalement, après que quatre d'entre eux se sont effondrés, ils ont rejoint les ouvriers dans leur trou.

J'ai compris.

Me voilà parti, ventre à terre, sans trop réfléchir. La mitrailleuse s'est tue. J'arrive au chantier. Beugnot me crie : « Couchez-vous ! » Mais comme le tireur s'est arrêté, quelques-uns relèvent la tête. Une nouvelle rafale les oblige à se coller au sol. Je leur crie : « Ne bougez pas. Faites diversion. J'y vais ! » Drôle d'entreprise : il me faut arrêter cette fusillade inutile et contraindre le père Féli, car c'est lui, à disparaître et à prendre le maquis, pour de bon cette fois, en abandonnant son arme. Ensuite, tout en le protégeant contre la police, le calmer et le dissimuler quelque part.

Le bruit de la mitrailleuse reprend. Il vient de l'orée du Bois des Fous, qui n'a jamais si bien porté son nom. Je suppose que le vieux s'est approché sous le couvert et qu'il s'est mis en batterie dans les noisetiers à la hauteur de l'éboulis. De là seulement, il peut prendre le chantier en enfilade.

Je monte à quatre pattes. La chienne Mirette m'a rejoint.

Une violente rafale sectionne un poteau qui reste suspendu aux fils. Me voici au plus profond des ronces. Je continue à monter. J'arrive au taillis, du côté du Faitu et je vais bientôt pouvoir prendre le tireur à revers. Pour lors, il continue à faire un tir de barrage en règle sur toute la zone du chantier.

Je me rase à l'aveuglette en plein massif d'épine noire. Au moment où je redescends sur lui une rafale crépite et j'entends siffler les balles. Il m'a entendu et tire au jugé dans ma direction.

Je me planque derrière un fayard puis je fais un bond énorme et à travers les cornouillers je gagne un gros caillou. Il n'est plus très loin. Je l'entends souffler et jurer ses tonnerres de dieux. Il doit avoir du mal à engager sa bande. J'en profite pour gagner encore quatre ou cinq mètres.

Il hurle :

« Qu'on n'approche pas ! Je tue tout ! »

Un silence, puis il commande :

« Chargez ! Armez !... Feu à volonté ! »

Rafale.

« Cessez le feu ! »

Silence. Puis une bordée d'injures :

« Salauds ! Empaffés ! Venez-y, casques à pointe, vous allez voir comment se défend un soldat français ! »

Il s'interrompt pour hurler : *Vous n'aurez pas l'Alsace et la Lorraine*, en s'accompagnant de la mitrailleuse. C'est long, un refrain entier dans ces conditions. Je l'écoute, le nez dans la mousse et aussitôt qu'il interrompt son petit concert, nouveau bond de trois mètres.

Une rafale et son rire. Son rire de Bourguignon sarcastique et tonitruant coupé de mots : « Verdun ! Verdun ! Le chemin des Dames ! Verdun ! On ne passe pas ! » Et il enchaîne sur *La Madelon*.

Nouveau bond. Nouvelle rafale. Je crois le voir bouger entre les branches. Moi qui n'ai jamais voulu prendre part à une guerre, me voilà parti à l'attaque d'une mitrailleuse en pleine paix. Et le servant de cette mitrailleuse est le seul homme que j'aime !

Il reprend le deuxième couplet de *Vous n'aurez pas l'Alsace* (il les sait par cœur tous les six et il a cinq mille cartouches).

Je le vois maintenant. Il est bel et bien seul. Il est en position de tir, un genou en terre. A ses tragiques niaiseries, il ajoute maintenant des apostrophes homériques, tôt transformées en contrepèteries : « Je vous la referai bouffer, votre essence, par le cul, par le nombril jusqu'à ce que votre tripe en pète… tripe en pète… tripempette… tripempette… » Et le voilà qui lance son « tripempette » sur l'air de *Cavalerie légère* de Suppé, le seul morceau de musique qu'il ait jamais entendu et qu'il déforme systématiquement en sonnerie de caserne.

On entend un bruit du côté du chantier.

« Avancez, Poméraniens ! Avancez ! Tripempette tripempette. En avant !… Tripe, armez… pette ! Verdun… Marche ! Feu à volonté ! »

Il tire sur eux, vers l'aval où un mouvement a l'air de s'amorcer. Il est temps pour moi d'agir si je veux lui éviter de tomber entre leurs mains.

« Avancez ! » me crie-t-on d'en bas.

Il répond :

« Non, vous n'aurez pas ma France ! Salauds ! Cinq ans de tranchées ! Vous allez voir ce que c'est qu'un poilu français ! »

Et il entonne *La Marseillaise*.

Je bondis et je lui tombe dessus dans la broussaille alors qu'il tonitrue : « Le jour de gloire est arrivé ! » (C'est toujours à ce moment-là qu'on se fait tuer.) Nous roulons dans les hautes herbes et les ronces.

Il m'a empoigné à bras-le-corps. Je m'en débarrasse d'un bon coup au foie et tout de suite une clé au poignet. Tout en lui disant :

« Filez ! Filez tout de suite par le Faitu ! Rendez-vous après-demain à la nuit, au Peux-Petu ! »

Il semble comprendre et s'élance vers les éboulis. Voilà des pas derrière nous.

« Tenez bon », dit Beugnot.

Je simule un *knock-down*, recroquevillé dans les éteules pour gagner du temps. On m'entoure, on me relève.

« Où est-il ?

– Par là. »

Bien entendu j'indique le rebord des roches.

« Qui était-ce ?

– Pas pu le reconnaître ! Le salaud, il m'a eu ! Suivez-moi ! »

Et je m'élance sans leur donner le temps de rechercher les traces qui, sur ces cailloutis, ne sont d'ailleurs pas lisibles.

Je constate que Mirette n'est plus avec nous. Elle a dû le suivre.

A deux cents mètres, le pétrole fait son bruit de catarrhe.

Le 24 décembre. Deux ouvriers tués, un blessé.

Un officiel tué.

On m'a demandé de diriger les recherches.

Drôle de Noël.

Le 25 décembre. Le père Féli est allé à l'auberge et s'est vanté de son exploit alors que les gendarmes étaient dans la salle.

ILS L'ONT ARRETE.

Le 27 décembre. La Commission d'expropriation nous a signifié notre expulsion. L'indemnité est fixée à dix millions. Sera-t-elle même suffisante pour payer les frais de justice et la partie civile ?

Il est temps de filer, Jefkins !

LE GANG DES INTEGRALES

Mon beau-père est un meurtrier. Bon.

Il nous en coûtera tout ce que nous possédons. Bon.

Ma femme est enceinte pour la troisième fois. Bon.

Nous sommes chassés de la Perrière. Bon.

Pas de quoi en faire une maladie.

Peut-être est-ce même pour moi l'occasion de renouer avec ma vie d'aventurier. Mes vieux camarades, que sont-ils devenus ? Ceux de Corpus Christi qui vendaient des diamants aux passagers des paquebots le soir et, le jour, dormaient sur la plage, les poches pleines de carboclos et de turquoises ? Ceux de Ber-Rechid qui recueillaient les enfants aveugles, si nombreux en ces pays de syphilis, et connaissaient le cours de la mitrailleuse sur tous les marchés du Proche et du Moyen-Orient ? Ceux de la mission Nieger qui étaient au courant des moindres convulsions des Saharides et ramassaient des gros cailloux d'or pur ? Et l'homme sec ? Et mon vieux juif des plages baltes avec qui j'ai vécu d'œufs d'hirondelles de mer pendant quinze jours ? C'est bien le diable si, avec un de ces gaillards-là, je ne refais pas fortune en moins de deux !

Peut-être aussi est-ce pour moi une occasion d'aller voir les usines nouvelles et le genre d'homme qui y vit aujourd'hui ?

Je retrouve un vieux camarade : le train. Voilà bientôt dix ans que je ne suis pas monté dans un wagon, mais j'y retrouve le rythme familier, le battement exaltant des bogies, l'enivrant fracas des aiguilles dans les gares franchies, la chanson qui accompagna mes premières errances.

Et je regarde mes compagnons de voyage. Hélas ! Deux femmes lisent des magazines qu'elles passent ensuite à un monsieur qui s'ennuie. Celui qui est en face de moi vient de sortir d'une housse une petite machine à écrire, des dossiers, et se met à taper des lettres d'affaires. D'un seul coup je retrouve mes vieilles raisons de m'étonner.

Un couple de perdrix piète sur la neige poudreuse, les grands éventails de sansonnets s'ouvrent et se referment au-dessus des éteules glacées. Les grives se gavent de gratte-cul ramollis par la gelée.

… Et on lit un reportage sur les cuisses de Marilyn Monroe.

Et les monts de Bourgogne défilent pour personne !

Les hameaux passent, gonflés de vie retenue et de fumée odorante et, pour peu qu'on sache regarder, on voit l'haleine des commis, le sourire des filles dans la chambre à four, la vache en chaleur qui enfourche sa voisine et la pèlerine noire des enfants sur le sentier, sous un ciel énorme.

Mais on lit un reportage sur les sports d'hiver !

Mais bons dieux, l'hiver est là, de chaque côté de la ligne, écorchant sa fripe blanchâtre aux épines et aux hautes rocailles, et vous n'y prenez pas garde !

Peut-être que si toutes ces choses qui défilent pour rien vous étaient rapportées dans vos magazines, peut-être les liriez-vous et y prendriez-vous un grand plaisir ? Pour que les choses de l'univers vous intéressent, il faut qu'elles passent par le prisme de l'appareil social et par l'engrenage des méthodes industrielles.

Nous nous échappons du massif bourguignon par les labours du Tonnerrois. Puis voilà l'Yonne, la Seine.

Le monsieur décoré tape toujours sur les touches de sa petite machine. Je le regarde. Il s'en aperçoit.

« Votre ardeur au travail ne laisse pas de m'épouvanter, lui dis-je.

– Monsieur, ces trains électriques sont bien pratiques. On va vite et on peut gagner du temps.

– En somme, jamais vous n'avez eu moins de temps à perdre que depuis que toutes ces machines vous permettent d'en gagner ? Là-haut, à la Perrière, nous n'avions pas de machines et il nous en restait, du temps, pour flâner ! »

Mais il ne connaît pas la Perrière et ne la connaîtra jamais. Il ne suppose même pas que de telles demeures puissent exister.

Il se remet au travail pour gagner du temps.

Car plus on approche de Paris, moins on a de temps à perdre, ça saute aux yeux. La terre libre a disparu depuis bien longtemps et les champs eux-mêmes font place de plus en plus au mâchefer, aux épandages, aux transformateurs et aux sous-stations et autres palais de la machine dont certains suffiraient à loger princièrement plusieurs de ces familles que l'on voit, installées dans de misérables wagons désaffectés, d'où sortent des écharpes de fumée jaune.

Incontestablement le redresseur à cuve de mercure semble beaucoup mieux logé qu'une famille, mais attendons, pour juger, d'avoir tout vu.

Paris, ou plutôt ce que l'on voit de Paris en arrivant par la gare de Lyon, m'apparaît, après une absence de quinze ans, comme un chaos de cabanes à lapins, de tôle ondulée, de tessons de bouteilles, de fil de fer, de ciment pisseux couvert d'affiches électorales, cette lèpre périodique, enfin de petits jardins carrés de prisonniers où les détenus ont tracé leur chemin entre deux plates-bandes de terre qu'ils remuent pour distraire leur ennui, parmi les barbelés, sous les yeux de l'*Usine*, mirador vertigineux où l'horloge pointeuse les guette et ne les ratera pas.

Ce paysage pénitentiaire s'appelle « la banlieue ».

Il est dominé par la grande Centrale qu'on nomme thermique, mais qui glace le sang dans les veines lorsqu'elle démasque ses chemins de ronde, ses poternes, ses mâchicoulis, ses hauts donjons d'un nouveau genre d'où Sa Majesté la Machine surveille les cités sans joie de ses serfs.

Paris, pourquoi, belle dame, t'es-tu laissé environner de ces laideurs ? Tu es vérolée, ma pauvre splendeur, n'en déplaise aux poètes, tes enfants, tu es vérolée, et l'on ne saurait te posséder sans jeter un voile sur ces souillures, vestiges de l'inavouable commerce de l'ingénieur avec l'industriel.

En gare de Lyon, devant cette grande abondance de gens impassibles et muets qui se hâtent méchamment, je reste le souffle coupé. Après dix ans de solitude ininterrompue, j'en prends un bon coup dans l'estomac. A la campagne, lorsqu'on voit les gens se hâter, c'est qu'il y a la fête quelque part, c'est pourquoi, je le comprends maintenant, le campagnard voyant courir les Parisiens, s'imagine qu'à Paris c'est toujours fête.

Il suffit de retrouver le métro pour sentir tout son courage d'honnête homme s'évanouir. On a beau s'être envoyé, jadis, quatre fois par jour le trajet Barbès-Malesherbes pendant trois ans, lorsqu'on revient des zones libres on est un peu désemparé de constater la passivité de ces gens devant les interdictions mécaniques, portillons automatiques, chicanes et grilles dans cet étroit boyau sanitaire.

L'odeur est la même qu'il y a quinze ans : un vague citrate y lutte sans conviction contre un sulfhydrate double de balayure et de crachat…

Le nom des stations fait toujours le charmant poème qu'on égrène pour faire passer le temps.

Je descends à la station Chaussée d'Antin. On entend la rame précédente qui s'en va dans le tunnel alors que sa cargaison n'a pas encore fini de s'écouler. Je prends la suite en piétinant. Dans le couloir semi-cylindrique j'ai la stupide impression qu'il m'est impossible de respirer. Le synchronisme dans la passivité de mille personnes m'étouffe et me pousse à ricaner. Mes dix ans de grand air et de liberté explosent dans cet égout suintant.

Premier incident

J'avise le sens interdit. La porte en est ouverte et le passage est vide. Je m'y précipite. Dix ans de vie normale et l'on devient un mauvais citoyen, bien sûr. Je gravis quatre à quatre l'escalier devant cette boue humaine qui dégorge là-haut avec la bonne conscience d'une matière bien moulée.

Le poinçonneur est en haut de l'escalier. Il me regarde monter comme une araignée contemple la mouche qui vient de s'engager dans ses rets. Il va pouvoir se venger, sur l'insecte adulte et folâtrant que je suis, de toute une vie définitivement souterraine et larvaire.

« Alors, dit-il, on ne sait plus lire ? »

On n'a pas mené une vie d'évasions permanentes sans acquérir une solide technique de la simulation. Avec une délectation que seuls les fumistes intégraux comprendront, je prends un visage où le respectueux effarement l'emporte de peu sur l'incompréhension et je simule la surdi-mutité :

« Hin hon hin... »

L'autre prend une figure de cuistre attendri :

« Sourd-muet ?

– Hin hon hin... »

C'est un fin titi parisien. Il a ce trait :

« Fallait le dire que t'étais sourd-muet !

– Hin hon hin...

– Allez file ! La prochaine fois, procès. Compris ?

– Hin hon hin... »

Et me voilà dehors. J'ai toujours été confondu par la facilité avec laquelle, finalement, on échappait à la loi commune. C'est d'ailleurs une de mes seules raisons d'espérer.

N'exagérons pas l'importance de cette petite victoire. C'était un simple coup de sonde à l'occasion du plus banal des gestes parisiens, mais avouons qu'il y a quelque satisfaction à constater que les mailles qui retiennent tout le monde sont trop grosses pour soi, que les réflexes sont prompts, la mimique encore juste et qu'après deux lustres d'inaction la petite machine à fabriquer le cas particulier fonctionne comme si on l'avait graissée la veille.

Les frères, les purs j'entends, vont me dire que j'ai tort de divulguer ça dans un livre, et que mes cyniques aveux vont rendre trop difficile la fraude, dernier rempart de la dignité humaine.

Qu'ils se tranquillisent : la fraude sera toujours possible pour ceux qui sauront s'en rendre dignes. Et même il ne serait pas fâcheux qu'elle devînt, à force d'être combattue par des moyens de plus en plus subtils, franchement plus difficile. La réussite serait plus exaltante et donnerait, à ceux qui y atteindraient, l'impression d'être l'exception de l'exception. Réussir à échapper, par sa propre industrie, à l'étreinte collective est un honneur qu'il faut mériter difficilement.

Je reprends mon chemin. Il me conduit rue de Clichy au domicile d'un grand savant, un érudit qui fut mon professeur et mon ami. C'est un des seuls hommes qui me conseilleront utilement.

J'apprends qu'il a été déporté et assassiné à Belsen aux plus beaux jours de l'enthousiasme nazi.

Deuxième incident

Métro.

Me voici à la Muette.

C'est dans ce quartier que je pense retrouver un deuxième personnage. Une sorte de saint, une grande intelligence, un des seuls Français qui se soient intéressés à la trypanosomiase.

On se souvient encore un peu de lui. Mais hélas ! Il a été fusillé par la Résistance dans la liesse de la Libération. C'est le concierge de l'immeuble voisin qui me l'apprend. Il a été témoin du fait.

Il est heureux que les hostilités se fussent bornées à ce seul aller et retour 40-45, car de déportations en épurations, ne fussent restés que les connards… et encore !

Moralité ? Hélas oui : se méfier de tout ce qui est collectif. Surtout l'enthousiasme.

Donc ils ont tué deux honnêtes gens.

Mais ils ont soigneusement épargné les fripouilles. J'en ai la preuve au cours de ma journée d'errance qui me conduit, bien entendu, partout où je ferais mieux de ne pas aller.

Je retrouve Jojo le Recousu. Il est bien en chair, lui, et content de vivre. Je retrouve le Pédalo qui me donne, non sans discrétion, des nouvelles de toute une bande de gars qui relèvent tous du poteau d'exécution. Et le Banquier ? Et Amédée ? Et Le Roi ?

Tout ça gigote au soleil. Le Banquier a monté une affaire, une affaire financière s'il vous plaît. Et enfin, la meilleure : Ledur, dit la Nouille, est… oserai-je le dire ? Non je ne le dirai pas. On m'accuserait de vouloir nuire au prestige de la République et à la réputation de clairvoyance de l'électeur français.

Passons.

Sur le soir, je suis assis sur le parapet du quai non loin du pont Morland. Les petits feux des campements des clochards éclairent la base des murs gris. Des ombres, tout autour, s'agitent près de grandes boîtes bosselées où bout une soupe qui embaume. Des linges déchirés sèchent et on se passe les litres de main en main, on en essuie le goulot d'un revers de manche et on en joue un air.

Je m'approche. La conversation a un tour optimiste et une jovialité dont les habitués du métro feraient bien de prendre de la graine. Pas grossière du tout, au contraire. L'un d'eux, un petit crasseux à l'œil crapule, cite, fort à propos, le nom de l'oasis de N'Guezzam. Je le laisse aller. Il parle très pertinemment de Imedden-Azarif, comme quelqu'un qui sait. Les autres, d'ailleurs, l'appellent le Méhariste. Je lui demande :

« Tu connais le Ténéré ?

– J'étais aux Sahariennes. »

On parle d'Afrique en se passant le litron.

Le Méhariste, qui semble être le caïd, me pose des questions précises :

« T'es pas de Paris ?

– Non.

– Alors, qu'est-ce que t'es venu faire ?

– Chercher du travail. »

Ça jette un froid.

« Va donc à Javel, on embauche ! me dit-il en ricanant.

– Pourquoi n'y vas-tu pas, toi ? »

Le Méhariste me regarde comme s'il était encore sur le dos de son méhari :

« Travailler là-dedans ? Ah ! non, très peu pour moi. J'ai une autre conception de la dignité dans le travail. »

Irai-je à Javel, pour me faire embaucher ? A vrai dire je ne suis pas venu précisément pour chercher du travail mais plutôt pour prendre le vent et revoir deux amis… hélas ! Mais pourquoi n'irais-je pas ? Histoire de voir où on en est dans le genre esclavage.

Et puis une idée m'est venue. Pourquoi ne pas faire une enquête personnelle sur ce genre de travail qui nuit si fort à la dignité du Méhariste ? L'envie ne me vient certes pas tout de suite, mais voilà qu'au bout de quelques instants de réflexion je pense que je pourrais noter mes expériences et tenter de m'en servir pour écrire quelque chose là-dessus.

Dès le lendemain, j'ai repris l'habitude de noter, sur mon petit carnet, le résumé de la journée.

Le 2 janvier. Je suis allé à Javel.

J'étais debout à cinq heures.

Une des plus mauvaises heures pour le métro. C'est celle où les classes laborieuses jouent des coudes pour ne pas arriver après la dernière sonnerie. La plupart sont déjà excités par un voyage préalable dans le train de banlieue et par le sprint au portillon automatique. A cette heure, les gens des fermes isolées hésitent entre le café noir et le morceau de lard maigre et décident qu'il vaut mieux se recoucher vu que le temps ne se prête pas au labour ; ici on a les yeux fixés sur le cadran de sa toquante.

Trois quarts d'heure de métro avec un changement.

Je débouche sur le quai de Javel. Il pleut.

Dans la nuit, la foule qui se presse est noire et silencieuse. On reconnaît les Arabes à cette odeur de suint et de poivre qui me rappelle l'Atlas marocain.

Sur un grand vantail fermé, une ardoise : « On demande des manœuvres. »

Je me joins à un groupe sombre qui piétine sur le trottoir visqueux et attend en silence. Toutes les dix secondes, je suis sur le point de prendre mes jambes à mon cou et d'aller vendre des cravates ou des cigarettes à la sauvette, comme Jojo le Recousu me l'a proposé. Au moins là, on choisit son heure, son lieu et même la tête de son client. Mais non, je veux voir. Je veux fourrer mon nez là-dedans et en prendre une bonne bouffée.

Où est-elle donc, cette machine qui diminue la peine de l'homme et le rend disponible pour les loisirs exhaustifs ? On me la montrera peut-être tout à l'heure ? Attendons.

Bien que brûlant d'envie de rafraîchir mes connaissances de berbère, je me groupe avec un des seuls Européens. C'est un grand brun à peau mate, en canadienne négligée qui, un petit sac à la main, fait les cent pas à l'écart.

Une mèche noire lui retombe dans l'œil. Il a un air chaste et timide, l'œil pur et décidé et une attitude gauche et hostile qui me rappelle quelque chose. Je lui montre les Arabes. Il sourit brièvement. Très beau sourire et dents blanches. Il répond :

« Pauvres types ! »

Cet accent catalan et cette voix ne me sont pas inconnus. J'enchaîne :

« C'est pour l'embauche, toi aussi ? »

Il fait oui de la tête, d'un geste de taureau furieux qui encenserait le matador dans les arènes de Perpignan. J'ai déjà vu ça quelque part… Mais non ce n'est pas possible. Celui à qui cet étranger me fait penser était, à l'époque où je l'ai connu, élève de taupe à Saint-Pancrace et préparait Polytechnique. Il fut d'ailleurs reçu dans les premiers, je l'ai su plus tard.

J'insiste :

« C'est la première fois que tu viens ici ? »

Il fait « non » de la mèche et répond quelque chose, mais on croirait entendre les eaux du Tech roulant tous les galets du Vallespir et je ne comprends rien.

Je me souviens que nous nous moquions de cet accent, au collège.

Un guichet s'ouvre. Nous nous présentons.

Mon Catalan passe devant moi. Il exhibe sa carte d'identité.

« Votre nom ?

– Baylet Robert. »

C'est lui. C'est bien lui, car il prononce « Baïlette », à la catalane, et je me souviens que nous l'avions appelé « Balayette ». Le guichetier continue :

« Certificats ? Diplômes ?

– Néant. »

C'est faux. Cet homme est polytechnicien. Pourquoi ment-il ? J'ai eu une bonne idée de venir pour tomber sur ce curieux bonhomme. C'était un drôle de camarade, une espèce de saint. Il communiait tous les matins et il avait la réputation de porter sur sa peau une sorte de cilice qu'il s'était tressé lui-même. Que vient-il faire ici comme manœuvre ?

On nous affecte tous deux aux tôles. On nous donne des moufles énormes et on nous recommande de ne pas nous blesser. Le travail consiste à manipuler des tôles glacées et à les présenter sur un tapis roulant qui les conduit aux emboutisseuses.

Tout cela se passe dans une halle immense où le tonnerre de nos tôles passe inaperçu dans le tintamarre général. Les emboutisseuses donnent le rythme de base, les fraiseuses grincent, les souffleries ronflent et le hargneux claquement des riveteuses, chef-d'œuvre incomparable, semble transformer la cervelle en pâte à papier.

Je glisse à « Balayette » :

« Faut avoir tué père et mère pour travailler là-dedans plus de deux jours de suite. »

Il me montre les deux ou trois cents ouvriers qui sont là, dans cet atelier et dit :

« Tous ceux-là sont bien obligés de tenir le coup. Ils y passeront leur vie. »

Sa voix est triste, sourde, comme désespérée. Je le regarde travailler. Il opère lentement, avec application et ne cède à aucune de mes invitations à ralentir le rythme. Pourtant il sue à grosses gouttes et semble peiner.

A un moment, je m'arrête franchement :

« Si tu ne ralentis pas, je te casse la gueule. »

Il ne répond pas directement, mais, d'une voix ferme, il dit :

« Avez-vous envie de gagner votre journée, oui ou non ? »

A la coupure de midi, Balayette a l'air très fatigué et très contrarié. Il me dit :

« Pourtant, il faut essayer de suivre les normes ! »

On dirait qu'il veut me faire parler. Comme si lui aussi se livrait à une enquête. Je réponds :

« M'en fous, des normes !

– Toute l'usine marche pourtant en fonction des normes. Si un des ateliers ne suit pas, c'est toute la production qui est en péril.

– Moi, je marche en fonction de moi.

– Si tout le monde parlait comme vous, il n'y aurait plus d'industrie possible.

– Bon débarras ! L'homme pourrait penser à lui et pêcher la truite les jours de bon vent, quitte à travailler le double le lendemain… Ainsi, moi qui te parle, sans votre pétrole… »

Et je lui raconte mon histoire, ma lamentable histoire d'homme chassé, détrôné, anéanti par une vulgaire huile minérale. Intéressé, il m'invite à l'accompagner au réfectoire. Il m'écoute avec attention, les yeux brillants de passion. Parfois, il baisse les paupières, longuement. Je m'arrête de parler car je crois qu'il s'est assoupi, mais il insiste :

« Continuez, continuez ! »

Nous sommes en tête à tête devant nos gamelles. Il mange en posant des questions brèves et précises :

« Combien aviez-vous d'hectares ? Combien vous a-t-on donné comme indemnité ? »

Finalement il m'avoue connaître notre affaire pour avoir lu sur les journaux le compte rendu des incidents du 21 décembre.

Lorsqu'il voit que ma ration est engloutie, il pousse sa petite gamelle chaude en disant :

« Mangez si vous voulez.

– Et toi ?

– Moi je ne mangerai jamais tout ça. »

Pas de doute, c'est bien mon scout. Ne gâchons pas sa bonne action quotidienne. Acceptons et même valorisons son sacrifice en ne lui manifestant aucune gratitude. Ces sortes de gens aiment ça.

Pendant que je mange, je regarde tous ces hommes las et muets, affalés sur les tables.

« Tous les ouvriers d'usine ont-ils cette allure de détenus et les usines d'aujourd'hui ressemblent-elles toutes à des stalags ? »

Pas de réponse.

« Quelle différence avec les tablées joyeuses de la Perrière ! »

Silence. J'insiste :

« Les savants se rendent-ils compte de cet aspect de la vie scientifique ? Les industriels ont-ils honnêtement regardé bien en face ce visage de la vie industrielle ? »

Il a rougi. Je continue :

« Les polytechniciens ont-ils, loyalement, étudié ces conséquences de la technique ? »

Les yeux fixés au fond de sa gamelle vide, il répond timidement :

« Certains, oui, certains cherchent…

– Nombreux ?

– … Hélas ! non. »

C'est bien le Baylet que j'ai connu. Au collège, c'était déjà l'homme à jouer les Saint-Vincent-de-Paul. On savait que son père était un gros industriel, mais il demandait toujours à visiter les pauvres de l'école. Il choisissait lui-même les plus abjects, les pouilleux et il ne laissait à personne le soin de vider le pot de chambre, quand il y en avait.

Je lui dis brusquement.

« Balayette !… Je t'ai reconnu… Ce que tu fais là va te valoir d'être mis à l'index de ta caste, tu le sais bien ? »

Il répond doucement, mais avec cet air buté qui lui est familier :

« C'est déjà fait. »

Ce n'est que le soir, à la sortie des ateliers, un peu déraidi par les souvenirs d'école, qu'il me dit :

« La technique est une chose merveilleuse. Je veux croire en la technique.

– Je savais que tu étais un utopiste.

– Mais Dieu n'a pas permis que nous fassions tant de découvertes pour avilir, abrutir, enchaîner l'homme.

– Et c'est toi qu'il a chargé d'humaniser la technique ?

– Ça doit être possible.

– J'en accepte l'augure. Comment comptes-tu t'y prendre ?

– Je ne sais pas encore. J'ai voulu d'abord vivre la vie du peuple, de l'ouvrier…

– De la victime.

– J'ai commencé voilà quatre mois. Les découvertes que j'ai faites m'ont bouleversé. C'est pire que je ne craignais… »

Il hésite :

« J'ai été ingénieur au chemin de fer pendant six ans et maintenant je suis manœuvre depuis quatre mois, sans tricher.

– Tu as dû te régaler. »

Il réfléchit longuement en marchant à grands pas puis, d'un seul trait :

« Dans l'état actuel des choses, la technique conduit le monde au bagne. »

Il a l'air affreusement las. Ses muscles de séminariste-mathématicien ne tiennent pas le coup, c'est visible. Je le harcèle :

« Conclusion ?

– Il doit y avoir une solution.

– Moi j'en connais une.

– Laquelle ?

– Inutile de t'expliquer ; elle n'est valable que pour moi. C'est individuellement qu'il faut agir.

– Comment ?

– Se dégager tout seul, par tous les moyens, du mécanisme, en le cassant, s'il le faut. Ainsi, un petit exemple : Hier, dans le métro… »

Et je lui raconte en riant l'histoire du sourd-muet.

Il a l'air offusqué :

« Mais tu as menti ! Et le mensonge, c'est pire que le travail à la chaîne !

– Raisonnement de théoricien. La fin justifie les moyens. »

Il hausse les épaules. J'avoue que ma dialectique est de nature à exaspérer un homme qui voit Dieu partout.

« Tu n'arriveras à rien. Le dispositif du progrès est en place ; il ne demande qu'à fonctionner et te broiera sans même s'en apercevoir », dit-il.

J'ai une moue dubitative. Il la voit et y répond :

« Le pétrole t'a bien contraint à quitter ton petit domaine. Tu le vois, petit à petit, chacun va devenir une victime, en tant qu'individu, de la civilisation concentrationnaire provoquée par le progrès technique. Je suis d'accord avec toi, hélas : l'ère de la liberté individuelle est terminée, mais je ne te suis plus lorsque tu préconises l'anarchie. Ce qu'il faut, c'est donner une âme à cette monstrueuse servitude industrielle qu'on ne peut plus éviter. »

Il a pris son regard d'apôtre et s'échauffe petit à petit.

« Toi, par exemple, continue-t-il, il aurait fallu qu'aussitôt exproprié, tu aies été pris en charge par un organisme national, ou même mondial, qui t'aurait reconverti selon tes possibilités…

– Plutôt selon mes goûts !

– Non. Tes goûts peuvent ne pas coïncider avec tes possibilités.

– Je suis seul juge en la matière.

– Non, les techniciens peuvent discerner mieux que toi ! »

J'explose :

« Et voilà le gentil "technicien" qui reparaît dans ma vie pour me passer au crible de ses tests, faire de moi ce que je ne veux pas être, m'imposer de prendre part à son petit circuit alors que je veux peut-être tout simplement m'étendre dans l'herbe, mendier, dormir, chanter…

– Mais le travail est un devoir.

– Non. C'est une nécessité. Ça peut même devenir un plaisir, une joie ineffable, certainement pas un devoir.

– Mais la solidarité…

– Ne nous récite pas ton petit catéchisme du bon citoyen. La solidarité ? Connais pas. Le boulanger fait son pain pour nourrir et élever sa famille ou se saouler, si ça lui plaît, et non pas par solidarité. Lorsque je lui ai payé ma couronne, mon fendu ou mon bâtard, nous sommes quittes. »

Cette conversation informe nous a conduits au fond du XVe arrondissement. Rues glacées qui, sous le vocable de nos plus belles provinces de l'Ouest, s'entrecroisent comme les braises froides d'un feu éteint. Longues rues dont les portes, bouches usées, ont une haleine qui n'invite pas aux baisers, tant s'en faut. Maisons-caisses, maisons-étagères, maisons-punitions.

Nous voici devant une très belle impasse dépavée au fond de laquelle un immeuble grandi trop vite domine des masures. Une palissade de planches, matelassée d'affiches, nous conduit à l'entrée d'un hôtel borgne d'où s'échappe une mélopée berbère.

« C'est là que j'habite, dit Baylet.

– Compliments. Tu apprécies le pittoresque.

– Si tu n'as pas de chambre, tu peux venir coucher là-haut, c'est une chambre commune et un lit est vide près du mien. »

Ainsi cet ingénieur joue au Père de Foucauld, en plein Paris ! Je voudrais voir ça : ce grand polytechnicien-Jésus lavant les pieds à une douzaine de blédards.

« J'aurais scrupule à te gêner dans l'exercice de ton admirable dévouement », lui dis-je.

Il prend son air bourru :

« Allez, viens. »

Il est magnifique. On dirait qu'il devine qu'un jour j'écrirai sa vie d'héroïque abnégation et qu'il tient, dès à présent, à ce que je ne rate pas les scènes les plus colorées.

Nous montons en silence un escalier fatigué. Une odeur forte de matelas surmené, de poivron, de paille mouillée et de parfum de fête foraine.

La mélopée berbère s'accentue.

Au troisième, nous entrons dans une chambre à trois lits. Quatre Arabes sont assis par terre et jouent aux dames. Machinalement, je lance un *O Selam aleikoum !* qui surgit de mon passé saharien.

« *Aleikoum selam !* [1] répondent les joueurs sans me regarder.

1. Que la paix soit avec toi ! (Salut).

– *Labès ?* [1]
– *Labès.*
– *Labès alik.* [2] »

On se touche le bout des doigts. Baylet s'est jeté sur son lit. Je regarde autour de moi : la chambre est fort petite et pourtant elle renferme trois lits et une paillasse sur laquelle, je le vois maintenant, deux formes sont allongées. C'est l'équipe de nuit, celle qu'on réveillera tout à l'heure et qui, partant au travail, va laisser sa place à l'équipe de jour.

Un petit frichti frigousse dans une casserole, sur un réchaud dans un coin. Ça sent le bouillon gras, le suint, le laurier et la cannelle. Souvenirs de bivouac entre Silet et Gao. Le métro, toutes les deux minutes, fait vibrer l'immeuble. Baylet, les yeux au plafond, savoure secrètement son sacrifice. Moi, je regarde les Arabes. Quels mensonges, quel mirage les ont conduits des sources de l'Oum-er-Rbia à l'impasse de Châteaulin, Paris-XVe ?

Que sont-ils ? Je mets à part les deux Aït Haddous, plus fraîchement conquis à l'admirable civilisation européenne qui leur vaut l'honneur de travailler la nuit. Les autres sont de franches fripouilles, raclures de ports numides, soudards, produit final de nos admirables régiments coloniaux, déchets traînés de gloire en défaites, rendus à la vie civile sous la capote élimée de la tenue de changement de corps.

Ils viennent me demander de leur traduire des imprimés des Assurances sociales. Pendant que je remplis les formulaires, ils mangent, accroupis sur le sol, puis s'étendent sur le grabat encore chaud.

Baylet me dit :

« Tu parles bien arabe. Tu pourras m'être utile.

– Tu prépares une thèse sur la vie mondaine des Nord-Africains à Paris ? »

Il rit.

---

1. Pas de mal ? (Ça va ?).
2. Pas de mal sur toi.

« Il n'y a pas de quoi rire, je t'assure. Quand on voit un Berbère, le bâton en travers des épaules, aller, la tête droite, bien drapé dans ses flanelles, l'œil perdu dans des horizons bibliques et qu'on le revoit ici, on se demande où est le bienfait de la civilisation… »

Baylet, les yeux clos, hoche la tête comme l'âne des crèches provençales. En lui montrant Hamadou ben Salah qui se tortille sur sa litière, je continue :

« Quand je pense que ce type-là devrait être accoté à une roche chaude, nu dans sa djellaba, la flûte aux lèvres, sous un grand ciel mauve. A deux pas de lui, dans l'obscurité, les moutons noirs soufflent doucement, les chameaux éructent gravement leur bave jaune et Hamadou ben Salah ne sait même pas ce qu'il fera demain, et il improvise sa mélopée : pouilleux, écrasé de solitude, desséché de frugalité, mais insouciant. Ici, regarde-le rêver qu'une perceuse lui crève le crâne parce qu'il a mal rempli l'imprimé de la Sécurité sociale. Il est accablé d'une journée de travail accomplie à un rythme qui le dépasse. Il est hanté par la journée de demain où l'attendent les contremaîtres, les moqueries, les règlements, les horaires, et cette extraordinaire piocheuse pneumatique dont l'admirable efficacité en tous terrains ne fera de ceux qui l'emploient que des vieillards précoces… »

Pendant que je parle, Baylet, son cahier ouvert sur ses genoux, s'est mis à écrire. J'ai la faiblesse de croire qu'il prend des notes.

Bien de l'honneur pour moi.

Un bébé s'est mis à pleurer à l'étage supérieur. J'interroge Baylet du regard.

« Une famille de six personnes fraîchement arrivée du Quercy occupe la chambre 28, là-haut », répond-il.

Enfin Baylet se prépare à se mettre au lit.

Il n'a pas de pyjama ; mais une longue chemise de nuit. Il plie soigneusement son pantalon et se jette à genoux, mains jointes, sur le plancher, au pied de son lit.

Avec sa moue d'échassier boudeur, sa mèche rebelle, ses mains crispées, ses yeux clos, on dirait un collégien rageur qui demande à Dieu de rupiner à sa colle de grec.

C'est alors que j'aperçois un crucifix de pacotille acheté à la procure de la rue Saint-Sulpice. Il l'a attaché à la tête de son lit et n'ouvre l'œil que pour lui lancer, de temps à autre, un regard fiévreux.

Le métro fait trembler la maison toutes les deux minutes.

L'enfant pleure.

Et le bavard de la radio continue à décrire la maison moderne dont les murs sont en matières plastiques superactivées, insonorisées, laissant passer la lumière, l'oxygène, la joie et tout, et arrêtent non seulement les regards de l'extérieur, mais les microbes, les miasmes, la tristesse, la misère, le malheur, que sais-je ? Il appelle ça : « La Maison d'Aujourd'hui. »

La lumière s'éteint et cesse le bla-bla optimiste de la radio. C'est le propriétaire de l'hôtel qui coupe le courant.

La forme de Baylet agenouillé se détache maintenant en blanc pâle dans la puante grisaille de notre caravansérail. Le chauffage est coupé depuis longtemps et mon polytechnicien doit grelotter.

Je m'imaginais qu'il allait bazarder un *Pater* et un petit *Ave* symboliques, pour conserver la face devant ces musulmans, mais sa prière se prolonge et je m'assoupis.

Une demi-heure plus tard je m'éveille : Balayette est encore à genoux dans l'obscurité. Il m'intéresserait de savoir combien de temps un polytechnicien cachexique peut rester sur ses genoux nus, dans le froid de la nuit de janvier, en attitude d'orant.

Le quart de dix heures vient de sonner. Attendons. J'entends le cliquetis du chapelet. Souvenir de la Perrière. S'il le dit en entier, c'est connu, il en a pour un bon quart d'heure. De fait, un peu après la demie, il se couche lentement et, une fois étendu, sa respiration dit qu'il pense intensément.

On se lève très tôt à l'hôtel « de Vannes et de l'Espérance réunis ». Certaines équipes rentrent vers les quatre heures du matin. Les nocturnes. Ils arrivent pour reprendre, dans le grabat tiède, la forme de celui qui travaille de jour et partira tout à l'heure. Une heure de métro le conduira à Saint-Denis ou à la porte de Pantin où il arrivera tout juste pour entendre le dernier coup de semonce de la sirène.

Les Maghrébins se mettent à parler interminablement tout en faisant leurs ablutions.

A l'hôtel « de Vannes et de l'Espérance réunis », les ablutions présentent un intérêt documentaire certain. On peut voir, en effet, des phallus de croyants, encore ragaillardis par la tiédeur de la paillasse, recevoir en public la petite douche rituelle et matutinale. Le plus intéressant, le plus émouvant pour moi, c'est cette minuscule aiguière en argent assani, au long col harmonieusement galbé, à l'anse gracieuse que le musulman promène partout avec lui, pour le thé et pour la toilette.

Je cesse de voir ces défroques militaires, cette chambre d'hôtel, ces « khrouias » [1] accroupis, chacun leur tour, sur la cuvette commune et j'évoque un chamelier au revers d'une barkhane. Il a baraké son chameau et, sortant son aiguière, verse de la main gauche quelques gouttes symboliques sur son sexe qu'il relève délicatement de sa droite.

Pour celui-là le temps n'est rien. Il vit au rythme de l'immensité. Ici ses frères tentent, de mauvaise grâce, de suivre un tourbillon incompréhensible, car leur malaise ne vient pas de cette

1. Frères, en arabe.

promiscuité qui les gêne moins que moi, ni de ce manque de confort qui est celui de n'importe quel gourbi, mais de l'obligation dans laquelle ils sont de travailler selon un rythme qu'ils n'ont pas organisé en fonction de « leur » nécessité.

Malheureusement il se joint à ces pratiques l'habitude fâcheuse d'utiliser les belles savonnettes rose bonbon, vert chlorophylle ou bleu de Prusse qu'ils achètent à bon marché, sorte de décapants cancérogènes dont le parfum synthétique fausse les muqueuses imprudentes pour plusieurs heures.

L'hôtel « de Vannes et de l'Espérance réunis », chaque matin, fleure bon le jasmin de cornue, l'héliotrope d'éprouvette et l'œillet de sulfure de carbone sans pouvoir se débarrasser de son odeur originelle de pisse de rat, d'oignon refroidi et de literie négligée.

Ces nappes délétères, autochtones ou importées, se livrent un long combat, puis, de guerre lasse, se mélangent et retombent, enlacées, sur toutes choses, ne laissant dans l'air que le fumet de la misère, une misère diffuse, compacte, massive, totale et éternelle.

Eternelle, oui.

Je sais bien que les réveils de la Perrière, les matins d'hiver, ne manquaient pas de bouquet non plus, avec les chaudrons de patates froides pour la volaille, l'aigreur des farines d'orge pour le cochon et du lait suret en train de cailler, de son propre gré, dans les pots de terre, les merdes de poule aux riches couleurs de porphyre et les chaussures de labour dispersées dans la pièce, mais on retrouvait, par-dessus tout cela, un grand souffle de forêt, des ardeurs latentes mais peu pressées de se manifester, des parfums d'humus vivant et des velléités innombrables dont on poursuivait l'incubation à son gré, dans la tiédeur du lit, jusqu'au soleil levé.

On ne tardait d'ailleurs pas à humer la fumée, la belle et claire fumée de nos fagots, allumés par le plus courageux ou plutôt par celui de la famille dont la vessie était la moins complaisante : le pépère Joseph, dont on entendait d'abord les jurons et les trois éternuements.

Baylet s'habille sans traîner. On voit qu'après la cloche et le surveillant du collège, le tambour et l'adjudant de l'Ecole polytechnique, ce gars-là n'a jamais pris le temps de glisser, dans ses petits matins d'individu, une minute de flânerie entre les toiles, périlleuse pour la vertu, certes, mais tellement utile pour la formation des certitudes intimes, de l'indulgence, du fatalisme et des convictions égocentristes, seules valables en définitive.

Sa joue catalane, bien bleue, est rasée en un tournemain. Il enfile sa canadienne et le voilà prêt. Il est cinq heures vingt.

Nous voilà partis sous la pluie.

Devant nous, nos Arabes forment des groupes malhabiles qui glissent dans l'obscurité vers des usines énormes. On les voit se grouper par deux ou trois pour profiter de l'abri d'une bâche ou d'une toile cirée déchirée, tirée d'une poubelle.

Baylet marche à grands pas inégaux. Je le suis. Je voudrais connaître le mystère de cet homme-là. Il contourne un terrain vague. Trois trains courent, illuminés, du côté de la gare du Maine, et des gars à musette déferlent par les bouches du métro.

Nous voici devant une chapelle. Baylet se dirige résolument vers la porte-tambour, nous entrons et allons nous agenouiller devant l'autel où un prêtre sans servant se dispose à dire la messe. L'obscurité est feutrée d'encens. Le silence grésille un peu comme une flamme de cierge. Mon âme se ramollit dans des souvenirs agréables et doucereux. La messe commence : *Introibo ad altare Dei… Ad Deum qui laetificat…* C'est Baylet qui répond de sa place. Puis comme l'enfant de chœur est arrivé en courant, il se met en prières.

Je le regarde à loisir. En somme, je serais en face d'un technicien qui douterait de la technique ? Il n'a pas avalé de confiance ce qu'on lui a dit à l'école. Il a voulu toucher du doigt. Saint Thomas à rebours qui a subodoré la flagellation et deviné les cinq plaies. Tout bouffeur de formules qu'il soit, il ne s'en est pas laissé conter par l'énoncé, toujours roboratif, des théories, ni par les prévisions, toujours optimistes, des pontifes et il a plongé en pleine humanité souffrante pour aller voir par lui-même. Il a brisé l'automatisme, douté du dogme et pissé sur le tapis du salon, il me plaît.

Je le regarde. Il prie comme il ferait des intégrales, tête baissée et suçant son pouce. Pour ce taupin de la piété, le Paradis doit être une Ecole polytechnique, en plus grand, où ne sont reçus que les plus chiadeurs et il brûle d'être le major de sa promo, c'est visible. Mais, entre nous, comment jugera-t-on, en haut lieu, cette faute contre la foi, la foi en la science ? Et où se dirige-t-il en poursuivant son schisme ?

Les vingt minutes de cette messe matinale me font du bien : silence, touffeur, lueurs diffuses des cierges, solitude parmi les chaises vides, repos physique et moral, toutes ces choses que l'on prend pour le confort spirituel et qui engendrent un bien-être qu'on prend pour de la foi.

A la communion mon grand camarade monte l'allée centrale, bras croisés, échine respectueuse, mèche en avant. On devine à son côté une épée invisible qui contribue à lui donner cette démarche trébuchante qu'ont la plupart de ses condisciples.

Il revient, mâchant Dieu, puis, l'ayant dégluti, passe avec lui cinq minutes en tête à tête, les yeux toujours clos. Que lui dit-il, à Dieu ?

L'officiant, après le *Salve Regina*, se retourne et rappelle qu'il célèbre ainsi, tous les matins, à cinq heures et demie, la messe de communion des ouvriers.

En fait d'ouvriers : un ingénieur insatisfait, un dilettante. Peut-être qu'en cherchant bien on trouverait une ou deux vieilles filles dans les coins obscurs.

Après cette halte dans cette chapelle vide, l'usine n'a plus tout à fait le même aspect. Avec ses longs murs cimés de barbelés et de tessons de bouteilles, avec ses blocs, ses carrefours d'allées entrecroisées, ses tours aveugles, cette usine fait penser, par contraste avec le petit sanctuaire silencieux et intime, à un établissement carcéral à l'échelle atomique.

D'ailleurs à l'entrée, la lourde porte métallique ressemble aux écluses du bassin à flot de l'arsenal de Brest. Les gardiens immobiles qui surveillent les pointeuses, les files de détenus silencieux, tout évoque le camp de la mort.

La foule lente des camarades roule en silence sa coulée grise. Ils ont tous les yeux fixés au sol, comme pour ne pas voir les inscriptions émaillées : « Il est interdit de fumer » – « Il est défendu de jeter des papiers » – « Interdiction formelle de stationner ici » – « Il est rigoureusement interdit de parler au concierge » – « Il est interdit d'empêcher la fermeture automatique des portes » – « Il y a danger de mort à ramasser les fils tombés à terre » – « Il est interdit de porter des vêtements flottants » – « Il est rappelé que le port des lunettes protectrices et des moufles est obligatoire dans les ateliers suivants :... » – « Il est interdit d'introduire des boissons alcoolisées dans les emprises de l'usine » – « Les ouvriers des ateliers dont la liste suit seront soumis à la fouille obligatoire » – « Il est interdit d'introduire un appareil photographique dans les emprises... » – « Il est absolument interdit aux employés de tout grade de recevoir des visites dans l'usine »...

Et je n'ai rien dit de l'odeur. J'en ai senti pourtant des sortes de sueurs : celle des vignerons, celle des chameliers, fine comme le musc des gazelles, celle des bêcheurs, épaisse, fleurant la puissance et la santé, celle des nomades, âcre et enfumée. Mais ici c'est un remugle où l'on reconnaît, à travers la fermentation des arrière-cours-sans-espoir de Clichy ou d'Aubervilliers, l'indiscrète alchimie de l'hygiène et surtout ce goût de ferraille chaude et de lubrifiant éventé qui monte de toutes les humanités industrielles.

Tout cela s'engouffre dans cette large porte blindée. Le défilé dure vingt minutes. Les derniers jettent des regards inquiets vers le grand cadran où l'aiguille des secondes prend de plus en plus d'importance.

A moins cinq, première sonnerie.

A moins une, deuxième sonnerie.

A l'heure précise, troisième sonnerie pendant que les portes métalliques se referment automatiquement. Bousculade pour passer quand même. Enfin, un groupe résigné se forme. Tout à l'heure on rouvrira et chacun des retardataires, canalisé par les garde-fous, donnera son nom et son matricule.

Un retard : une amende. Deux retards : double amende. Trois retards : mise à pied pour trois jours. Au-delà, exclusion définitive. Une panne de métro n'est pas une excuse.

Voilà mes premières impressions parisiennes.

Elles peuvent paraître banales à tous ceux qui depuis longtemps ont perdu le goût de la vie et le sens de la dignité humaine, comme dit le méhariste, mais pour moi, tout cela est monstrueux. Cela forme une sorte de fresque hideuse qui sert de toile de fond à ma curieuse aventure.

J'ai noté, sur mon fameux petit carnet, les incidents qui sortent de la monotonie de cette vie auprès de laquelle celle d'un berger solitaire est un festival de fantaisie et de joyeux imprévu.

Le 5 janvier. Je retourne à l'usine et je suis Baylet, histoire d'en prendre une bonne bouffée pour en être dégoûté à jamais et me donner l'énergie nécessaire pour reprendre l'aventure.

Je suis affecté au « block » trois, au maniement des tôles et à l'alimentation de cette machine qui mâche des feuilles de tôle à trente kilomètres à l'heure et qui est, m'a-t-on dit, l'orgueil de la maison.

Je ne vois pas ce qui peut donner de l'orgueil dans la possession de cet engin. Il paraît que le monde entier nous l'envie. Il n'y a vraiment pas de quoi, j'ose le dire, moi qui suis chargé de lui présenter sa pitance. Quand je pense que c'est en quelque sorte pour la servir qu'on empile les Parisiens libérés à l'hôtel « de Vannes et de l'Espérance réunis » !

Lorsque j'en touche deux mots à Baylet, à la pause de midi, le bien-fondé de mes observations ne lui échappe pas. Il ergote :

« D'accord, le progrès ne s'applique pas encore assez à résoudre les problèmes simplement humains ; nous sommes forcément à la période des tâtonnements, des erreurs, mais lorsque tout sera judicieusement conjugué, etc. »

Il dit que, désormais, les usines seront construites selon un plan rationnel, dans des sites champêtres, avec tennis, piscines, garages pour les autos des ouvriers et que c'est dans cet espoir, en vue de la construction du monde futur, qu'il faut œuvrer, que nous aurons l'honneur d'avoir été les pionniers… et autres sanglantes balivernes, dont il ne pense pas le premier mot.

Le 7 janvier. Nous avons décidé de faire nos repas dans la chambre, sur le réchaud des Arabes. Il n'est pas besoin, en effet, de sortir de Polytechnique pour s'apercevoir qu'en gagnant cent trente francs de l'heure, avec une nuit de deux cents francs, il n'est pas question d'aller au restaurant où le moindre repas coûte trois cents balles. Quant au déjeuner du matin, il me faudrait dix cafés-crèmes au bas mot et une livre de pain et nous serions encore très loin du casse-croûte de la Perrière.

C'est la première fois que des questions d'ordre alimentaire ou pécuniaire prennent place dans mon souci, mais dans cette vie fade d'ouvrier de grande industrie, sans risque et sans initiative, à quoi penser, sinon à ça ?

Me croirait-on si je disais que je vis ici l'existence la plus pénible que j'aie jamais vécue ? Jamais je n'ai senti comme ici l'étouffement, la dévitalisation de ce coin de l'âme où les caprices, les singularités, les colères ont leur source limpide. Car la colère finit aussi par mourir. La belle et sainte colère de l'orgueil et de l'égoïsme, celle qui isole et anoblit.

Il ne leur reste plus que la colère de leur ventre, celle qui rassemble et fait les hordes.

Le 8 janvier. J'ai enfin été « contacté ». J'attendais ça.

A la pause de midi, un ouvrier m'a accosté, avec cette politesse doucereuse et légèrement prétentiarde qui caractérise les sermonneurs, les fanatiques, les prosélytes, les propagandistes, les partisans et autres bons apôtres plus ou moins quêteurs.

« Camarade, m'a-t-il dit, je suis le responsable syndical du block trois.

– Le responsable ? Comme je te plains !

– De quoi ?

– D'être responsable. En cette société il est prudent d'être inconnu, inaperçu, inorganisé et irresponsable.

– Mais, camarade, l'union de tous…

– L'union de tous serait une force si elle ne rassemblait pas les ambitions des uns et la connerie des autres. »

Il est très vexé. Il répond :

« Mais pour défendre les camarades…

– Tu ne défends personne et ce ne sont pas tes camarades ; tu perds ton temps.

– Mais tous ensemble…

– Où est la foule, il y a des idoles. Mieux vaut le désert, même avec la soif et la brûlure du soleil… »

Cette phrase, dont il ne sait probablement pas qu'elle est de Nietzsche, le désarçonne tellement qu'il oublie de me faire signer l'inévitable pétition que, de toute façon, je n'aurais pas signée. Il reprend souffle et rétorque, avec l'air cafard et l'exagération qui conviennent :

« Chacun son idéal.

– Tu peux dire ça, ça fait très bon effet dans la conversation, mais au moment de confesser ton idéal, abjure ! abjure ! sans hésitation. Achète donc un panier et ne fréquente les meetings que pour y vendre des cacahuètes. »

Ecœuré, il abandonne.

Le 9 janvier. Je suis toujours le valet de l'emboutisseuse que le monde entier nous envie. Etre cinq jours le domestique d'une machine tellement supérieure à moi, c'est plus que je n'en puis supporter. Le moment approche où je vais me soumettre ou me démettre. Ça va faire des étincelles.

En attendant, je me régale en regardant les Arabes qui, sans génie, font pourtant de louables efforts pour refuser le rythme théorique officiel et imposer le leur. Malheureusement, novices dans l'art, ils se contentent de trottiner, de tourner en rond, de multiplier les démarches et les gestes inutiles qui attirent surtout l'attention sur leur inefficacité. Souvent même ce manège conduit à l'accident, une main trop lente rognée par la machine infaillible et incorruptible.

Fort heureusement, les Européens, plus vieux dans le métier, savent jouer de la clé anglaise et réussissent à prendre leur revanche sur le planning.

Au moindre grincement des mécanismes, ils savent, je dois le reconnaître, s'allonger sous l'engin et se plonger dans une inspection générale qui me confond en admiration. Ils excellent à préconiser, à supputer.

J'ai cru comprendre que la captivité en Allemagne, pendant cinq ans, de deux millions de travailleurs français a grandement servi la classe ouvrière en leur faisant inventorier et perfectionner, sous couleur de patriotisme, la technique du tire-au-cul, seule arme de l'être humain contre le machinisme, la méthode, la taylorisation et autres inventions des techniciens.

Malheureusement il faut bien avouer que ces coups de mains de quelques francs-tireurs bien documentés ne parviennent pas à rendre à la masse le quiet et patient bonheur qu'elle connut du temps de l'artisanat. L'énorme engrenage, souvent grâce à un dispositif d'urgence, reprend sa marche. Donc, à part de courts intermèdes, les hommes sont condamnés, il faut bien le dire, à jouer, jusqu'à la fin des temps, désormais, le rôle de goupille, de cheville ou de complice malgré soi.

Sauf quelques-uns, bien entendu, et c'est de ceux-là qu'il faut être, Jefkins !...

Le 10 janvier. Hier soir les « Arabes » m'ont fait leurs confidences, surtout Rahal ben Tahar. Le caporal Rahal ben Tahar. Une roulure.

Rahal ben Tahar n'a pas eu de femme depuis dix-huit mois. Il n'a pas de succès, les prostituées ne veulent pas de lui, même celles de la rue de Buda ou de la Chapelle. Il prétend que ses camarades n'ont pas plus de chance... Le samedi et le dimanche, toute la bande se contente de se rendre dans le coin de Barbès et ils se tiennent debout sur le trottoir à la porte des hôtels de passe, une main dans la poche, et ils regardent les putains.

Depuis dix-huit mois, deux ans, ils regardent monter les putains ; affaiblis par un travail exorbitant et un régime d'oignons crus, ils les regardent monter, puis redescendre. On devine ce que ce spectacle peut inspirer à ces pauvres esclaves. Ces gars-là sont à bout de souffle. Le moindre incident peut en faire de dangereux exaltés.

Les braves gens s'étonneront : « Comment ? Ces Arabes à qui nous avons tant donné ! »

Le 11 janvier. Baylet avait l'air gêné ce matin. J'ai remarqué aussi qu'on me tenait en quarantaine à l'usine. J'en ai fait la remarque à mon polytechnicien. Il m'a répondu :

« Eh bien oui, j'aime mieux te le dire. Ton attitude vis-à-vis du responsable syndical a tout gâché. Il a répété partout tes fanfaronnades ineptes. Ces gens ne te pardonneront jamais de…

– Je sais, je sais. Les chiens haïssent les loups. Le peuple hait l'esprit libre, l'ennemi des entraves, celui qui n'adore pas, qui ne cotise pas et qui hante les forêts.

– C'est très gênant pour moi, a-t-il repris après une petite hésitation. S'ils me prennent pour un anarchiste, je perds contact et tout est par terre. »

Il s'interrompit brusquement comme s'il en avait trop dit et regarda le bout de ses souliers, après avoir relevé sa mèche d'un coup de tête.

« Si je te gêne dans ton apostolat, je quitte l'usine dès aujourd'hui, lui dis-je.

– Tu es fou. C'est idiot. »

Là-dessus il est entré dans la chapelle pour servir la messe des travailleurs et je suis allé m'envoyer un petit jus au bar. Après un zanzi du matin avec le patron, je me suis dirigé vers l'usine, histoire de rigoler.

Baylet, en me voyant, a eu comme un sourire d'espoir, un vrai sourire d'amitié :

« Tu as bien fait de venir. J'avais peur de t'avoir vexé. »

J'ai répondu :

« Je suis simplement venu pour assister à la rentrée des esclaves. »

La foule, noire, dans la nuit, avançait comme une gadoue. J'étais à cran. Je les ai montrés à Baylet :

« Vise un peu l'enthousiasme de tes pionniers, de tes bâtisseurs de société future ! Non mais, regarde-moi ce délire constructif ! Où est-elle la guillotine aux cent mille couperets vers laquelle on les conduit ? Un verre de rhum, monsieur ? La dernière cigarette, madame ? Tous les jours ce convoi funèbre pour mourir ayant perdu même la mémoire de la joie ? Et vous osez encore nous leurrer avec des promesses de vie meilleure ?

– Tu es odieux.

– Je suis odieux, bien sûr ! Tes ingénieurs nous chassent de notre domaine et c'est moi qui suis odieux ! Voilà ton œuvre, ingénieur : admire les otages de l'industrie, les bourgeois de Calais de la Science, les fusillés à la petite journée, les déportés permanents de la productivité ! et c'est moi qui suis odieux !

C'est à cela que conduisaient tes calculs vectoriels ? Tu nous a arrachés aux errements bucoliques pour nous jeter dans ton rigoureux cloaque, tu as percé nos champs, transformé nos pâturages en épandages nauséabonds, aligné les hideuses sierras de tes ateliers dans nos vergers pour nous offrir ensuite une place de larbin au service de tes machines, et c'est moi qui suis odieux ?

Six aubes de ce monde futur m'ont suffi. Je reviendrai quand le dernier coup de truelle sera donné à la cité nouvelle et lorsque les cantiques au planning résonneront d'une façon plus convaincante dans le sanctuaire enfin terminé !

Adieu ! »

Et je suis parti au hasard. Le gousset assez vide, mais j'avais déjà les circonvolutions tellement embarbelées d'interdictions, perforées de bruit, boursouflées d'impératifs sociaux, meurtries de discipline, que la perspective de cette toute petite journée de liberté, cette liberté toute relative des villes où l'on ne peut même pas choisir l'endroit pour traverser une rue, m'a paru merveilleuse.

Ainsi dégénère-t-on. Je ramasse déjà, pour m'en régaler, des rogatons que j'aurais laissés aux pourceaux. Je renifle une journée de plein air comme une coupe d'un breuvage étonnant et inconnu et je défaille au parfum d'une minute de libre arbitre. Et pour m'amener à cette extrémité, il a suffi d'une semaine, d'une petite semaine de servitude au « block III », qui, m'a-t-on dit, est loin d'être le plus avilissant.

Je vais rendre visite au Méhariste à qui il faut que je fasse amende honorable.

Mon brave journal n'en dit pas davantage car l'événement qui devait se produire dans cette mémorable journée me coupa l'envie d'écrire, mais je me souviens m'être mis à la recherche du Méhariste. Il n'était plus près du pont d'Austerlitz, la police l'avait refoulé, lui et ses femmes, ses hardes et ses voitures d'enfant, au-delà du pont de Bercy.

Il s'était construit une sorte de casemate très basse dont l'ossature était une benne rouillée. Etayée de pavés, prolongée de tôles, couverte de carton goudronné, elle s'accotait à une sorte de darse en ciment, vestige d'un chantier de construction de péniches où poussaient les bardanes. Le tout n'avait pas un mètre vingt de haut et se signalait par une fumée jaunâtre, un étendage de linges déchirés et des détritus épars.

Au milieu de tout cela, le Méhariste était assis sur un dé de ciment et lisait *l'Aurore* qu'il venait d'acheter au Bar de la Marine.

Il vivait là avec ses deux femmes, la belle et l'esclave, la femme libre et la servante, comme Abraham. Pendant qu'il lisait le journal, les deux femmes triaient, sous sa direction, le butin du matin. Ils ne faisaient pas les poubelles, ils se contentaient de faire le demi-gros. Ils achetaient la récolte des chiffortins et faisaient cinq parts : l'étoffe de laine, le linge, les autres tissus, le papier à plat, le papier en vrac, qu'ils allaient vendre aux grossistes.

Le Méhariste me regarda venir :

« Alors, on a trouvé du travail ? »

Avant que j'aie répondu, il continuait :

« Je t'attendais. Tu n'as pas la tête à passer ta vie en Bastille, toi ! »

Je lui ai raconté mes six jours d'usine. Il riait de bon cœur. J'ai honte de le dire : près de lui, on se sentait bien. Un rat venait de sortir d'un trou et s'avançait parmi les détritus. Il le vit et, tout en bavardant, ramassa lentement un pavé et attendit. Lorsque l'animal fut assez près, il lança son pavé si adroitement que le rat éclata comme une tomate juteuse et le Méhariste continua :

« Ici, je le sais, on risque la peste et le choléra, la pneumonie, la faim mais on conserve son honneur d'homme (il aimait ce mot) et on n'est pas assassiné tous les jours par le réveille-matin. »

Puis il se mit à parler à un auditoire invisible :

« ... Dans le désert ont toujours vécu les forts, les véridiques. En troupeaux vivent les bêtes de trait ! Elles traînent ce lourd chariot grinçant qu'on nomme la collectivité, ce chariot qui est de plus en plus lourd au fur et à mesure qu'ils sont plus nombreux pour le traîner ! »

Il m'a pris par le revers de ma veste :

« Avez-vous compté combien il y a d'agents de police au seul carrefour d'Antin ? Il y en a treize, monsieur, oui treize : deux à chaque rue et un au centre. Et pourquoi, s'il vous plaît, ces treize sergents de ville ? pour faire respecter les douze signaux lumineux automatiques.

Et pourquoi ces douze signaux lumineux automatiques ? pour faire passer les automobiles et les piétons. Oui, monsieur, pour faire passer des automobiles et des piétons, il faut treize agents et douze signaux compliqués. Il faut payer plus d'un million de salaire mensuel aux agents, il faut amortir cet appareillage coûteux. On dépense donc trois ou quatre millions par mois pour faire passer les automobiles à un seul carrefour parisien. Avez-vous cherché à savoir combien il y avait de carrefours comme celui-là ? Eh bien, cherchez-le, monsieur, et quand vous aurez trouvé, vous me direz si une société qui supporte de semblables charges pour faire simplement circuler des automobiles peut encore respirer. Ils travaillent quatre heures par jour pour se donner des sergents de ville et des signaux compliqués dont le seul rôle est de les faire circuler ! »

Il a soufflé sur la dentelle brune de sa cigarette, puis il a continué :

« J'ai réussi à m'extraire, à mes risques et périls, de ce chassé-croisé de servitudes écrasantes et d'avantages inutiles. J'en suis fier. Je travaille trois heures par jour. Ça suffit pour vivre. Vivre n'est pas pénible, c'est la collectivité qui est lourde à traîner. Si tu te laisses atteler, par les harnais du bien, du mal, de la solidarité, de la mutualité, de la circulation, de l'urbanisme, de l'esprit de corps, de la sociométrie, du droit, des lois, de la police, de la politique, de l'orgueil de caste, de l'honneur national, de l'esprit de grandeur nationale, tu t'aperçois que tu traînes un appareillage hallucinant et que toutes tes forces s'y emploient et d'une façon tellement sordide qu'il ne te reste plus qu'un souffle pour mourir. »

J'ai quitté le Méhariste après lui avoir payé un litre et je suis rentré à l'hôtel « de Vannes et de l'Espérance réunis ».

C'est là que se place l'événement que j'attendais, le coup de la chance, celui que j'étais venu chercher et dont j'allais pouvoir me servir comme d'un tremplin pour faire un furieux bond en avant.

Qu'on se représente bien la scène :

Je monte les escaliers de l'hôtel.

J'ouvre la porte de la chambre.

J'aperçois une femme qui, assise sur le lit de Robert Baylet, fait furtivement l'inventaire de la valise de mon camarade. A ma vue, elle perd contenance et replace tout, en hâte, sauf le cahier rose qui, de ses genoux, a glissé sur le parquet.

Je fais le geste de m'effacer en m'excusant. Très vite elle réussit à se dominer :

« Je vous en prie, monsieur, dit-elle en se levant, j'ai une question à vous poser… Vous êtes bien l'ami de Robert Baylet ?

– C'est mon camarade de travail. »

Elle hésite un peu et :

« Je suis sa fiancée.

– Vous n'êtes pas encore sa femme et vous êtes déjà en train de faire ses poches ? Ça promet ! »

Elle rougit mais le prend de très haut :

« Je cherchais son linge sale pour l'emporter et le laver.

– Il va le laver lui-même le samedi, au lavoir municipal.

– Mais le raccommodage…

– Il s'en occupe lui-même aussi, avec assez d'adresse, et il ne m'a jamais parlé de vous. »

Elle manque d'air, hésite encore, puis :

« Monsieur, savez-vous que votre camarade Robert Baylet est polytechnicien ?

– Sans doute.

– Alors, vous allez peut-être pouvoir me dire ce qu'il vient faire dans ces taudis et pourquoi il travaille comme manœuvre dans une usine dont il pourrait être le directeur ? »

Je prends mon air le plus jésuite :

« Permettez-moi de vous faire remarquer, mademoiselle, que Jésus était charpentier à ses moments perdus. »

Elle me regarde avec effroi.

Tout à coup, elle fond gentiment en larmes.

« Monsieur, je vous en supplie… Si vous avez quelque influence sur lui… dites-lui de cesser ce jeu avec moi… A vrai dire… nous ne sommes pas encore fiancés… puisque c'est… la veille de nos… fiançailles… qu'il est parti sans laisser d'adresse… Nous l'avons fait chercher partout… depuis six mois sans résultat… Pour finir j'ai appris… par hasard… qu'il habitait là… Dites-lui que je ne comprends plus, monsieur… que je suis malheureuse… »

C'est à ce moment que Rahal entre dans la chambre. Il a bu de l'alcool, c'est visible, et a déjà dû faire scandale dans la rue. Ses yeux de paludéen sont injectés de sang.

Il voit la fille et, immédiatement, fait sa petite crise : il ouvre brutalement sa capote. Sa culotte est ouverte et son sexe érigé, énorme, se dresse par la fente sale d'un caleçon immatriculé du 24e Tirailleurs.

Il se précipite sur elle. Son excitation est telle qu'il ne m'a même pas vu. Avant que j'aie pu intervenir, il la roule déjà sur le lit.

Je le relève par le collet et je lui en place un joli sur la veine jugulaire. Mais la douleur semble lui servir d'excitant. Il se rue sur moi. Je fléchis. Il m'a ceinturé et cherche à me mordre au visage. D'un coup de genou dans les parties, je l'envoie rouler sous la table. Un autre serait moribond avec un jeton comme ça, mais lui se relève et hurle. Hélas ! sur la table de toilette traîne un rasoir qu'il saisit, un beau rasoir couteau, ancien modèle. Ainsi armé, il repart à la charge. Je brise son assaut d'une chaise balancée à bonne hauteur, il l'esquive. Je le reçois d'un bon coup de pied en pointe.

Il se replie, recroquevillé comme un chacal enragé, dans son coin, muscles bandés, le rasoir en arrêt, la verge toujours érigée.

J'ai le temps de sortir mon couteau.

Je le lance. Un peu trop bas.

Il fait « oh ! » et s'avance vers moi en grimaçant, la lame plantée dans l'aine, l'œil terrible.

Je feinte, je me baisse, je l'enfourche et il retombe à plat ventre sur le manche du couteau et ne fait plus un pli. Il geint doucement et le sang coule. L'artère doit être coupée.

Il s'arrête de geindre.

La fille est blanche comme une morte, immobile, les yeux hagards, les mains crispées sur la poitrine. Je l'entraîne dehors :

« Il vaut mieux sortir. Venez ! »

Arrivée dans le couloir, elle fait sa crise de nerfs dans les bras de l'agent essoufflé qui devait suivre Rahal de très près. Je rentre dans la chambre avec le flic. Je ramasse le fameux cahier rose. Enfin je vais savoir ce qu'il notait chaque soir, si scrupuleusement.

J'ouvre le cahier. Me croira qui voudra : il est couvert exclusivement de formules, de développements fonctionnels auxquels je ne comprends rien, sinon que l'observation de la vie ouvrière et la fréquentation intime et sincère de la misère n'ont inspiré à cet homme que des calculs vectoriels et autres niaiseries.

Plongé dans le vif du duel entre l'homme et la technique, il n'a su que gribouiller des racines et des sigmas et se lancer gratuitement à la recherche d'inconnues par les voies abstraites et n'a trouvé de verve que pour mettre des droites en paramètres.

Je me souviens de m'être emporté :

« Non, non, il n'y a rien à faire avec ces gens-là. Même les plus sensibles et les plus imaginatifs ont perdu le peu de joie de vivre, la petite parcelle de sensibilité qu'ils possédaient. Entre leurs mains, l'humanité va au gouffre glacé. Qui nous délivrera des esprits scientifiques ? Quand cessera-t-on de les extraire de leur obscure médiocrité pour leur confier les leviers de commande ?

Au laboratoire les macrocéphales ! Au laboratoire les chieurs de formules ! Si vous êtes incapables de vous mêler tout bonnement à la vie des autres, jouez à vos petits jeux mais ne prétendez pas la diriger, pour vous étonner ensuite qu'elle se transforme en enfer ! »

Bien que n'intéressant pas directement le récit, la séance au commissariat vaut son pesant d'uranium. La jeune fille, d'entrée, joue la carte maîtresse :

« Je suis la fille du colonel Maudhuit, Tri. 82-89. »

Le commissaire, sans hésiter, fait Tri. 82-89, demande le colonel Maudhuit, lui présente « ses hommages » *(sicut dixit)* et le convoque respectueusement, et d'urgence, au commissariat, puis il se retourne vers moi :

« Alors, c'est vous, le... ?

– L'assassin. Oui, c'est moi. »

Pendant qu'on vérifie les identités, Mlle Maudhuit prend la parole : elle est venue chercher le linge de son « fiancé ». Un Arabe l'a attaquée, violentée, menacée de son sexe, d'abord, de son rasoir ensuite. (On appréciera l'exactitude du témoignage et, partant, la valeur de la preuve testimoniale en général.)

« Ce monsieur (elle me désigne) m'a défendue au péril de sa vie avec une bravoure, etc. »

Le commissaire, lui, voudrait en savoir davantage : ce fiancé ? ce couteau ? ce rasoir ? cet Arabe ? ce monsieur ?

On patauge.

Entre alors le colonel Maudhuit. Il est venu aussitôt informé. Feutre à bord roulé, loden impeccable où chante le jaune serin de la médaille militaire, à côté de la crotte rouge de commandeur. Il est plutôt petit, d'allure chétive. Poche coloniale sous les yeux, port martial, bien entendu, voix fluette, parole brève, toussotement nerveux contracté à force de vouloir rendre sa voix puissante et impérative, main maigre veinée de mauve. Sclérotique douteuse. Haleine bourbeuse.

Il se présente :

« Colonel Maudhuit. Bonjour, commissaire. »

Des talons claquent.

Le commissaire, debout, fait son rapport au colonel qui écoute, en marchant de long en large devant le bureau. Venant à passer devant moi, il s'arrête :

« Merci, jeune homme, toutes mes félicitations. Où avez-vous servi, mon ami ? »

Je joue le jeu : garde-à-vous, menton énergique.

« 24e Chasseurs d'Afrique, mon colonel.

– A la bonne heure. C'est bien, ça ! »

Il enchaîne en se tournant vers le commissaire auquel il raconte sa vie : Honneur, Patrie.

Cet intermède va permettre d'attendre Robert Baylet qui a été convoqué à l'usine, sur les indications du gérant de l'hôtel. Le voilà. Il me jette un regard sombre, car il croit que c'est moi qui ai donné le numéro de téléphone et l'adresse de l'usine. Il est loin d'avoir, vis-à-vis de Mlle Maudhuit, l'attitude d'un fiancé. Après avoir salué le colonel, il hésite, fait le geste de prendre la main de la jeune fille, rougit, puis se cache derrière moi où Mlle Maudhuit vient le retrouver. C'est elle, cette fois, qui lui prend la main. Il est pâle maintenant. Elle se hausse un peu sur la pointe des pieds et semble tendre son visage pour un baiser.

L'embrassera-t-il ?

Il est livide et demeure très droit.

Elle murmure son nom : « Robert ».

Il se dégage de l'étreinte, très doucement. On dirait qu'il fait un effort surhumain pour ne pas s'enfuir. Il bafouille quelques mots : « Ma chère Anne… J'espère que vous êtes en bonne santé… »

Puis, ayant trouvé un biais, il bondit près de moi, me serre la main avec effusion :

« Merci, mon vieux, merci. »

Puis il reste coi ; Anne Maudhuit, tenace, se rapproche ostensiblement et passe son bras sous le sien. On dirait qu'elle est tout heureuse de l'incident qui lui permet de retrouver ce bizarre fiancé et de s'afficher.

Mon pauvre Balayette, lui, semble désolé, gêné.

Bizarre.

Fort heureusement qu'avec un colonel, un commissaire, un polytechnicien et une jeune fille du monde l'entretien tourne vite à la conversation de salon. On tombe tout de suite dans les idées générales. La question nord-africaine est tout indiquée. J'ai tué un Arabe, d'accord, mais le colonel nous prouve que j'ai bien fait, en somme, car ces Arabes qui envahissent la métropole y apportent leurs vices et leurs maladies, encombrant le marché du travail et mettant la vertu de nos filles en péril. C'est intolérable, surtout quand on pense à tout ce que nous leur avons donné. Nous sommes allés jusqu'à leur apprendre à écrire et, chose « admirable », nous leur avons même donné le droit de vote et la nationalité française.

Il enchaîne en vantant l'œuvre grandiose de la France dans ce pays et l'« admirable » essor de la population nord-africaine, après quoi il sait prouver que l'accroissement de cette même population met en péril l'économie, puis il vante la science et l'hygiène françaises qui, en chassant l'épidémie, ont abaissé d'une façon « admirable » le taux de la mortalité.

Il exalte l'aide capitale et généreuse que la main-d'œuvre indigène apporte à l'économie française, sans oublier leur merveilleux sacrifice sur les champs de bataille pour défendre la chère mère-patrie. Il termine en stigmatisant avec la plus grande violence ces menteurs, voleurs et proxénètes que l'on devrait, pour rétablir l'ordre, traiter avec la plus grande fermeté.

Naturellement pour terminer, il prononce cette phrase, la première que l'on entend en débarquant dans n'importe quelle colonie et qui explique peut-être l'échec de toutes les entreprises coloniales : « La trique et le coup de pied au cul, voilà le seul langage qu'ils comprennent, monsieur ! »

Quinze ans plus tôt, il aurait eu mon poing sur la figure, cet hépatique galonné, mais là, il est mon meilleur avocat, en somme. Laissons-le donc s'écouter pérorer.

La question nord-africaine est expédiée lorsque trois inspecteurs viennent me prendre en charge et nous partons tous vers le quai des Orfèvres. Le colonel suit la voiture noire de la police.

Chez le juge d'instruction, même jeu : interrogatoire mondain. Le colonel intervient, non sans adresse. Il demande avec aisance la permission d'user du téléphone du magistrat qui, très courtoisement, accepte et voilà mon colonel qui, très froid, appelle le ministère de l'Intérieur. Il converse amicalement avec un chef de division, puis avec le chef de cabinet en personne : il lui raconte l'aventure, l'autre répond. Le colonel rit, très à l'aise :

« Bien entendu… Mais oui, cher ami… Oui, il semble qu'une mise en liberté provisoire s'impose… N'est-ce pas ?… Notre héros ?… C'est un vieil Africain… Un homme à l'abri de tout reproche… Un homme remarquable… (Il rit.) Et énergique !… Merci, cher ami… Merci ! »

Apparemment, je suis en très bonnes mains. Peut-être même va-t-on me féliciter ? A moi de jouer.

Afin de me composer un personnage sympathique autant que pour mettre fin à une conversation sans aucun rapport avec notre affaire et qui risque de s'égarer à nouveau dans la politique coloniale, je trouve bon de simuler un évanouissement. Je ne veux pas avoir l'air d'un tueur impassible. Un honnête homme a peur du sang c'est connu.

On s'empresse autour de moi. Le juge d'instruction est le plus prévenant. C'est lui qui me donne des petites tapes dans le creux de la main. Je fais durer le malaise pour entendre leurs réflexions : « C'est l'émotion. – Il a été très bien. – Le pauvre garçon ! – C'est bien naturel… la réaction. – Je n'ai jamais vu un combat aussi sauvage (c'est Anne qui parle. La pauvre enfant n'a probablement jamais vu la moindre rixe, sinon au cinéma). – Comme il est pâle ! – C'est la vue du sang qui l'aura troublé… »

On me prend pour un premier communiant et c'est très bien ainsi. Lorsque je reviens à eux, tout le monde pousse un soupir de soulagement. Je m'excuse :

« C'est le cœur.

– Vous êtes cardiaque ?

– Cardiopathie mitrale contractée en captivité. Une maladie contractée en captivité *en Allemagne* est cent fois plus terrible, chacun sait ça.

– Emmenez-le, dit le juge d'instruction, et qu'il se tienne à la disposition de la Justice… D'ailleurs tout s'arrangera. »

Nous sortons. Les photographes m'entourent, flash, questions, cohue. Le colonel parle avec autorité. Je demande à Baylet de me ramener à l'hôtel ; il saute sur l'occasion pour prendre un taxi et échapper à Mlle Maudhuit qui le dévore des yeux.

En somme, excellente journée, sauf pour Rahal ben Tahar.

Aussitôt arrivés à l'hôtel « de Vannes et de l'Espérance réunis », je fais ma valise en disant :

« Mon vieux Robert, il est temps de filer d'ici.

– J'y pensais, répond-il. On embauche à la plaine Saint-Denis, aux usines d'aviation.

– En route ! »

Nous traversons Paris avec nos valises bouclées à la diable. Baylet a même rassemblé son petit linge en une sorte de ballot mal ficelé qu'il porte sous le bras. De temps en temps, il perd une chaussette ou un mouchoir qu'il ramasse et fourre dans sa poche. Comme il est tard, nous cherchons tout de suite une chambre près de l'usine.

Difficile.

Il n'y a plus de chambres dans le coin depuis que cette usine, précisément, a rasé un quartier de deux cents hectares de maisons, pouilleuses, certes, mais assez riches en « piaules ».

Tout ce monde évincé pour construire, à sa place, ce nouveau palais de la machine, s'est rejeté sur les quartiers voisins ; quelques familles très nombreuses ont été dirigées vers de grands immeubles construits dans la banlieue nord, les autres ont été relogées par l'abbé Pierre sous des tentes, sur les glacis des fortifs. Les célibataires enfin, comme ces oiseaux des îles du golfe du Mexique que nous avons délogés pour y construire nos derricks et qui planèrent dix jours avant de se noyer, morts de fatigue sans avoir pu se poser, vont et viennent, comme nous, leurs bagages à la main, cherchant un perchoir.

Nous allons de tôle en tôle. Complet partout.

Il serait facile à Baylet de se rabattre vers le centre et de prendre une chambre dans un hôtel moyen. Je le lui suggère. Tout en marchant à grands pas, il répond :

« Pourquoi pas le George-V ? J'ai voulu épouser la condition de l'ouvrier d'usine. Ce n'est pas le moment de flancher. Je veux jouer le jeu jusqu'au bout. Considère qu'en tout et pour tout je suis un manœuvre et que je possède trois mille francs. »

Je le giflerais. Peut-être parce qu'il m'émeut.

« Ce serait trop facile, explique-t-il, de vouloir comprendre l'ouvrier en conservant un compte en banque, des diplômes en poche, en passant des nuits confortables… Ne connaître que le travail de direction, en conservant l'espoir de l'avancement…

– Tu ne vas tout de même pas rester manœuvre toute ta vie pour le plaisir de comprendre l'ouvrier ? »

Il répond par un silence buté qui vaut une violente affirmation, puis :

« Je veux connaître, par le dedans, la vie des masses populaires, mesurer à quel point elles sont déchristianisées… Je fais table rase… Je me dépouillerai complètement. Je veux ressentir leurs maux, leurs angoisses…

– Pas possible. Tu ne repartiras jamais à zéro. Tu es taupin, mon vieux, tu pues le taupin. Tu ne seras plus jamais un homme normal. »

Il a l'air effaré. Comme un enfant, il demande :

« Tu crois ? »

Je sors le cahier de ma poche et je le lui tends :

« Tiens, regarde donc ton ordure : voilà le cri que t'arrachent leurs maux et leurs angoisses, et ça ne t'arrachera jamais que ça. Et ne t'avise pas de chercher un remède à ces maux et à ces angoisses, car chaque fois que vous cherchez des remèdes, vous autres, vous faites pire que le mal. »

Il hausse les épaules en fourrant le cahier dans sa poche et dit, très doucement :

« Tu es bon catcheur, mais tu raisonnes comme une chaufferette. »

On rit.

Minuit et demi sonnent au carillon lointain du Sacré-Cœur. Où dormirons-nous cette nuit ?

L'Armée du Salut ?

Nous sautons dans le dernier métro et, sur le coup d'une heure vingt, nous arrivons à la péniche de l'Armée du Salut, au pont d'Austerlitz.

Avant d'entrer, il me dit :

« Tu sais, si tu veux prendre une chambre à l'hôtel, ne te crois pas obligé de t'imposer une nuit dans cette puanteur. »

Je réponds en le paraphrasant :

« Moi, je veux ressentir leurs maux, leurs angoisses. »

Puis, tout bas :

« Je voudrais surtout voir un taupin essayer de redevenir un homme. Spectacle rare. »

Le 14 janvier. Ma photo est sur tous les journaux. L'affaire Rahal est à la une.

Nous repartons en quête de travail et de chambre. Nous n'avons trouvé ni l'un ni l'autre : l'usine n'embauche plus, le personnel étant au complet et nous ne trouvons pas de chambre au-dessous de quatre cents francs. Comme notre nuit à la péniche ne s'est pas trop mal passée, nous y retournerons.

A propos des Maudhuit, Baylet m'a dit qu'Anne n'était pas « à proprement parler » sa fiancée, mais une amie d'enfance. Comme il allait m'en parler plus longuement, il a rougi, sa mèche lui est tombée sur l'œil et il s'est tu, puis, tout à coup, il m'a pris par le bras pour répéter :

« Surtout, ne leur donne jamais mon adresse, tu entends ? Promets-moi de ne pas leur donner mon adresse. »

Je commence à voir quel jeu déchirant ces deux êtres-là sont en train de se jouer.

Qu'on n'aille pas croire que nous fussions accablés de tristesse. Baylet exultait. Sa vie ressemblait à celle des saints, ses modèles. Au fond, cette pauvreté sans danger lui donnait, à bon compte, de gentilles petites émotions de scout attardé. La pauvreté, saint François, saint Vincent de Paul ! Et il pouvait toujours se dire : quand je voudrai, j'aurai une place d'ingénieur au chemin de fer, aux P.T.T., dans l'industrie, chez Papa, n'importe où.

Quant à moi, je restais près de lui parce que son manège m'intriguait. Quelque chose me disait qu'il ne fallait pas manquer ce spectacle-là et que, tout compte fait, ce drame n'était pas aussi éloigné qu'il y paraissait de ma propre histoire, ou même de l'aventure humaine, la monstrueuse aventure des millions d'êtres qui, par des moyens différents et peut-être sans en avoir conscience, cherchent à s'évader du bagne dans lequel ils s'enferment chaque jour plus étroitement.

Par bribes, quelquefois même en se contredisant, Robert Baylet livrait le secret qui le déchirait. Je l'entends encore me dire, paraphrasant d'ailleurs Saint-Ex :

« En les arrachant à leurs destinées paysannes, l'industrialisation en a fait des fantômes sans Dieu ! »

Il répétait souvent :

« Il faut et il suffit de leur redonner Dieu ! »

Un jour, alors qu'il était resté prostré pendant plus d'une heure, peut-être en prière, il s'est relevé et, les yeux dilatés, m'a dit, tout de go :

« La solution est dans la réintégration de l'homme religieux dans la civilisation des machines. Il faut associer à nouveau travail, prière et beauté. »

Il continuait, et je crois bien qu'il était alors dans une espèce d'extase :

« L'aménagement du monde est remis en question par les techniques nouvelles, mais le point capital du problème c'est d'aménager le passage humain… Confrontation de la foi avec la civilisation industrielle… »

J'ai commencé à l'admirer ce jour-là ou, tout au moins, j'ai commencé à regretter de l'avoir moqué. J'ai surtout été frappé par la façon dont il avait dit : « Il faut réintégrer le prêtre dans la civilisation des machines. » Mais ces bons sentiments ne m'habitèrent pas longtemps. Car, dès le lendemain de cette conversation, nous trouvions du travail dans une usine qui me poussa à résoudre le problème à ma façon, comme on verra.

Le 15 janvier. A mon grand regret, l'usine d'aviation, au coin de l'avenue Jean-Jaurès et de la rue Auguste-Comte (confluent symbolique) est, si j'ose dire, beaucoup plus belle que celle que nous quittons.

C'est un œil électronique qui compte les entrées. Ça fonctionne si bien qu'on se demande pourquoi on n'y a pas adjoint le rayon de la mort qui tuerait tous ceux qui arriveraient en retard.

Ce sont des « yeux électroniques » qui règlent aussi la circulation dans l'usine, ouvrent toutes les portes, contrôlent toutes les fabrications, aussi bien que l'activité de chaque ouvrier.

On commence par nous soumettre à une série de tests : partager en deux tas égaux un grand nombre de polyèdres dissemblables, reproduire rapidement des figures bizarres, enfiler sur un axe des pièces minuscules, trier des sortes de pois cassés et les assembler pour en former des figures dont le plan nous est donné à l'échelle un demi, etc.

Je n'en finirais pas d'énumérer les opérations invraisemblables qu'on nous demande d'effectuer devant des demoiselles tout de blanc vêtues, qui chronomètrent scrupuleusement chaque geste. On prend notre tension artérielle, on nous fait pisser dans un verre, cracher dans un bocal, défiler devant l'écran de la radioscopie, courir, sauter, nous agenouiller, souffler dans un spiromètre.

La matinée entière passe aux différents examens.

Baylet, en bon taupin, commence à tourner à l'admiration devant ce déploiement de systématiques foutaises. Je le rappelle à plus de dignité en lui disant que la jeune infirmière vient de coller mon nom sur l'éprouvette qui contient son urine et que, de ce fait, tant de rigueur dans la méthode se trouve atténuée dans l'application.

D'ailleurs le médecin d'établissement, devant lequel nous passons chacun notre tour, ridiculise définitivement, non sans morgue, toute cette spectaculaire investigation. En effet, après m'avoir tâté la main droite, il dit :

« Extrémités froides. Constipé ?

– Moi, constipé ? »

J'ai le bon rire du monsieur qui se débride l'anus quotidiennement, depuis plus de vingt ans, à huit heures du matin très précises et je l'accompagne d'un geste généreux qui dépeint assez bien, j'imagine, l'aisance de mes fonctions intestinales. Il insiste :

« Vous êtes constipé, n'est-ce pas ? Vous n'allez pas à la selle ?

– Plutôt deux fois qu'une, monsieur le major, et permettez-moi de vous dire que j'y passe les moments les plus agréables de ma journée et que si, par malheur, il m'arrivait un jour…

– Ça va, ça va, pas de discours. »

Et il inscrit, sur ma fiche : « Constipation. »

L'après-midi, on nous fait un petit speech pour nous présenter l'usine. La façon dont on prononce ici le mot « usine » exigerait plutôt que je l'écrivisse *Husine*.

Cette Husine donc, dans laquelle nous allons avoir l'honneur de travailler, est une des premières des vingt qui doivent être construites en France dans les dix années prochaines. Les méthodes de travail… et cætera. J'ai entendu ça en Amérique, en Allemagne, en Russie. Je les connais, les « usines-qui ». J'espérais, je ne sais trop pourquoi au juste, que la France saurait se garder de cette atteinte de la barbarie. Je m'aperçois que je m'étais trompé. J'en suis atterré. Aimerais-je mon pays à ce point ?

Je retiens surtout de ce discours qu'il y est fait souvent emploi du mot « productivité » et j'y retrouve une expression que je n'avais encore entendue qu'en Amérique et en Russie : « Ambiance de Productivité. » Tout a été fait, dans cette Husine, pour y créer une « ambiance de productivité ».

Il me semble bien, même, que le jeune ingénieur se soit laissé aller à employer cette autre expression « esthétique fonctionnelle ».

On verra ça.

Notre conférencier nous informe que c'est la première fois en France que l'on initie de cette façon les nouveaux ouvriers. D'ailleurs l'apprentissage sera court car l'Husine a été conçue de telle sorte que n'importe qui peut tenir n'importe quel poste. Le travail est en quelque sorte pensé, organisé à l'échelon direction. Notre jeune ingénieur nous en informe avec un sourire de triomphe et ne se fait pas faute de considérer cela comme un progrès comparable à l'invention de la roue ou la découverte du feu.

Terminée la visite-promenade, on me confie une machine : il s'agit d'une machine à perforer des fiches. Tout le monde sait le rôle prépondérant que joue la machine à perforer les fiches dans la civilisation moderne. C'est tout simplement prodigieux.

Je m'installe sur la selle orientable et je commence.

Qu'on imagine l'intérêt que pourrait porter un sourd-muet à l'exécution de la grande *Toccata et fugue*, à l'orgue, et l'on aura idée de la joie que je peux ressentir à l'accomplissement de mon nouveau devoir d'état, ce devoir d'état que dix ans d'éducation religieuse m'ont appris à considérer comme la pierre de touche de tout bon chrétien. Je pense à la réflexion de Baylet. La déchristianisation des masses ? Avant d'en rendre responsable un peu tout un chacun, est-il possible que l'Eglise catholique, apostolique et romaine ait vraiment étudié sincèrement la condition de l'ouvrier moderne pousseur de bouton ? Quoi ? Elle voudrait que les six mille employés de ce Temple de la Productivité se livrassent avec amour et ponctualité à ce lamentable, sempiternel et incompréhensible jeu de pédales et de tirettes et « conservent la foi » ?

Conserver la foi était possible dans le tiède atelier familial lorsqu'on partait du tronc de merisier pour le transformer en armoire ou en bonnetière, en prenant le temps de concevoir, de réfléchir et de flâner pour observer la direction du vent ou jaser avec le voisin, ou faire l'amour avec la bourgeoise.

Mais ici, on ne peut pas penser à la foi.

Parce qu'on s'emmerde.

Au bout de trois heures de loyal effort (je veux, moi aussi, faire mon expérience), j'ai l'impression d'avoir vécu une vie entière dans le cachot et dans l'accoutrement du Masque de fer.

Je lève un peu la tête et je regarde.

Nous sommes groupés dans un vaste bureau, plutôt un hall, éclairé et aéré (on dit « climatisé ») d'une façon très subtile. La manière dont les appareils sont disposés montre avec quel soin on a recherché et obtenu que les ouvriers ne rencontrassent aucune distraction.

La contremaîtresse est juchée sur une sorte de phare en tubes chromés et en verre. Elle prend en enfilade tous les groupes et, dans chaque groupe, peut surveiller chaque homme et chacune de ses mains et chacun de ses pieds et chacun de ses yeux, et même, me semble-t-il, chacune de ses pensées. Elle a un timbre avec voyant pour appeler ou rappeler à l'ordre chaque machine, car elle ne parle que des machines. Elle sonne, et dit devant le micro :

« La machine trente-trois ! »

Cela signifie qu'elle prie l'homme qui dirige la machine trente-trois de rectifier la position.

Le jeune ingénieur vient de temps en temps jeter un coup d'œil sur la salle. Il a un bon sourire pour chacun. Il se passionne certainement pour ce beau métier et, le temps aidant, apportera aux installations des améliorations étonnantes. Il passe dans les rangs et demande à chacun :

« Ça va ? »

Et chacun répond :

« Ça va. »

Lorsqu'il me pose la question, je lâche bonnement les pédales, je me renverse sur mon siège et, les mains dans les poches, je prends l'attitude du gars qui va en rouler une et parler de tout un peu. Mais l'ingénieur se jette sur moi :

« N'interrompez pas, malheureux, n'interrompez pas !

– Mais comment faire pour pisser, alors ?

– Vous appuyez sur ce bouton et quand ce voyant vient au vert vous pouvez aller faire vos besoins. Il vous suffit alors de faire pivoter votre siège pour vous rendre aux W.C. »

J'avais vu ça en Amérique, en Russie, mais jamais, je le répète, jamais je n'aurais cru que les fils de Montaigne tomberaient si bas.

Le 16 janvier. Nous avons trouvé une chambre. Et quelle chambre ! Dans une rue sans fenêtre, une rue entre deux grands murs d'usine.

Trois cents francs par nuit.

Ce matin, dans le métro, par-dessus l'épaule du voisin je vois une photo sur le journal qui attire vivement mon attention. Celle du père Féli. En gros titre :

L'AFFAIRE DE LA PERRIERE AUX ASSISES.

En sous-titre :

Le patriarche alcoolique, auteur de l'agression,
a sauvagement massacré les ouvriers
du chantier de forage.

Pour la presse, c'est une histoire de gros sous qui est à l'origine de ce massacre : le père Féli s'attendait à toucher une indemnité d'expropriation beaucoup plus forte. Il s'agit donc d'un drame de la cupidité paysanne.

Partout éclate, dans ces articles des journalistes, dans les conversations de ces citadins, l'incompréhension la plus totale et même de la haine à l'égard de ces culs-terreux, particulièrement des isolés et des propriétaires de leur domaine. Tout ce monde semble dire :

« Comment ? Pendant que nous crevons de chlorose dans notre prolétariat éclairé, ce vieil homme, encore plus vert que nos éphèbes, prétendait vivre au large, à la face du soleil, en pleine solitude, sur "ses" terres, sans radio ni télévision, sans productivité, sans frigidaire, sans moteur, bref, *sans machine* ?

Ça existe encore ? Allez, allez, condamnons-le bien vite à mort et qu'on en finisse ! »

Sous mon portrait, on lit : « Le gendre du forcené, en se portant à l'assaut de la mitrailleuse en délire, a évité une hécatombe encore plus tragique. »

J'aperçois une autre photo où je crois entrevoir le minois de ma Louisette. Je me hausse sur la pointe des pieds. Pour un peu, j'achèterais un journal. Le premier depuis quinze ans. Fort heureusement, je n'en ferai rien.

C'est bien Louisette, mes deux gosses dans ses jupes, entre sa mère et les deux vieux.

Hélas, je sens que cette photo va nous perdre : comment ces ouvriers, ces bureaucrates, ces légistes, ces hommes d'affaires, coquets, parfumés, aux souliers cirés, comment ces dactylos chèrement perruquées, pourront-ils sainement juger cette bande d'êtres humains en liberté que l'on voit, gauchement alignés, l'œil farouche, pieds nus dans leurs sabots, la peau brûlée de soleil ?

Pour comble de malheur, le photographe, pas tout à fait par hasard, les a surpris devant le teck à porcs. A leurs pieds un chaudron renversé. Au deuxième plan, la truie, blindée de boue sèche, qui farfouille, de son groin, dans une lessiveuse cabossée, près du fumier.

Le pépère Joseph, dans sa grande veste de chasse renforcée aux coudes de larges plâtras de toile à bâche, regarde l'objectif de son œil d'émouchet et, seul mâle défenseur du clan, brandit son bâton de cornouiller sculpté. Sous le rideau blanc de sa longue moustache, sa bouche, bientôt centenaire, exhibe une denture éclatante au grand complet dont on devine tout de suite qu'elle ne doit rien ni au dentifrice chlorophyllé ni aux intramusculaires de calcium.

Ma belle-mère, très Laetitia Bonaparte, écrase de sa dignité de Vestale tous ces gens qui passent leur temps à raconter les crimes et tous ceux qui passent leur temps à les lire. Quant à ma Louisette, tendue, crispée sur ses petits, elle ressemble à Hésione, menacée par le monstre, un instant avant l'arrivée d'Hercule.

Ce parfum d'humanité riche et vivace qui se dégage de ce groupe hirsute est, depuis longtemps, appelé ici « puanteur » et considéré comme une marque de déchéance par ces gens qui se sont dégradés à jamais en acceptant l'horloge pointeuse, et pas un instant l'idée de l'attachement au domaine familial n'effleure ces lecteurs de magazines qui n'ont même plus de village natal.

Tout est là pour nous rendre antipathiques à une bonne dizaine de millions de déracinés. N'entends-je pas dire à ma voisine : « Ce sont des sauvages. » Je la dévisage et, bien à tort, je lui dis :

« Vous voulez parler des prospecteurs de pétrole, madame ? »

Fort heureusement Baylet réussit à me calmer car le mari, ayant pris fait et cause, entrait dans la danse. Ça allait faire une drôle de bouillie.

Sur un autre journal, je lis : *« Encore un drame de la solitude. »*

Pour celui-là, le père Féli a tué parce qu'il était « désaxé » par l'isolement. Selon eux, ce qui désaxe l'homme, ce n'est ni le bruit, ni le travail à la chaîne, ni le travail de nuit, ni le cinéma, ni le métro, ni les nichons des vedettes, ni les palinodies parlementaires ; c'est la fréquentation des grands arbres, des friches, au rythme intouché et fatal des saisons.

Ils voient le père Féli comme un homme torturé par sa libido refoulée, errant tel un sanglier brutal, rôdant autour des villages de la vallée, en quête de mauvais coups, pour assouvir sa jalousie de solitaire écarté des bienfaits de la civilisation, nourri à la diable, en pleine hérésie alimentaire, ignorant des dernières découvertes de la diététique moderne, se vautrant dans une bauge incommode, jaloux du confort croissant dispensé dans les grandes villes.

Le reporter le dépeint quêtant une occasion malsaine et choisissant au hasard, comme victimes, ces vaillants pionniers venus apporter dans la région, naguère condamnée à rester sous-développée, la richesse et le progrès.

Il y a un petit chapitre sur moi. Malgré mon acte de courage, j'ai eu une attitude odieuse, paraît-il, dans cette affaire de pétrole. N'ai-je pas rossé un ingénieur ?

Passe encore un curé, un juge, un bourgeois, vieilles têtes de Turc, mais un « technicien » ? un « bienfaiteur de l'humanité » ? le magicien des temps modernes ?

Le procès est donc commencé (on va me convoquer sous peu, j'espère).

Le 27 janvier. J'ai fait ma deuxième journée d'Husine.

J'ai vu les dactylos. Elles sont groupées, au nombre de deux cents environ, dans un grand hall semblable au nôtre. Elles portent toutes un casque à écouteurs.

J'en regarde une : elle est immobile, yeux fermés et semble dormir. Mais non ! voilà que ses lèvres s'agitent. Elle rêve et parle à son bien-aimé ? Non pas, car elle se met à taper sur les touches de sa machine. Elle repousse le chariot, tape encore, tape toujours. Puis elle s'arrête. Elle relit son papier à haute voix… On s'aperçoit alors qu'elle parle dans un petit cornet qui semble avoir poussé entre ses deux jolis petits seins. On comprend alors que toutes ces jeunes filles passent leur journée avec un casque d'écoute sur la tête et qu'elles sténotypent ce qu'un chef de service, qu'elles n'ont jamais vu, leur dicte depuis son bureau sans les connaître. Lorsqu'elles ont fini, elles retombent dans leur immobilité et attendent. Elles ne peuvent même pas tricoter l'interminable pull-over qui fut, au cours des trente dernières années, la seule activité qui rattachât la famille des dactylos au genre humain. Elles ne peuvent ni papoter ni lire. Non, elles attendent qu'un des cinq ou six penseurs de l'établissement les hèle et les utilise pour satisfaire un besoin personnel, après quoi il les abandonnera jusqu'au désir suivant.

Voilà ce qu'on appelle « l'ambiance de productivité ».

Le 18 janvier. Robert achète le journal pour « suivre » l'affaire de la Perrière qui passionne la France entière. Il lit et me raconte ce qu'il a lu. Sa voix est sourde et comme voilée.

Grâce à lui, je suis une tragédie, toute nouvelle pour moi. Seuls les noms me sont connus, les noms et les lieux dont le reporter ne peut s'empêcher, malgré tout, de noter l'imposante grandeur et la vivifiante beauté, tout en signalant l'intense solitude qui lui paraît, à lui boulevardier, sauvage et écrasante. Il en a été très impressionné, car il y fait de fréquentes allusions.

Aujourd'hui, c'est l'interrogatoire. Pièce de choix que quelques écrivains, présents dans le prétoire, brossent avec talent. Ils n'y ont d'ailleurs pas grand mérite car le père Féli a suffisamment de verve et de truculence pour que la seule sténographie des débats suffise a soutenir l'intérêt du reportage.

Les premières réponses bouleversent de fond en comble les lecteurs moyens. Dès la troisième réplique qu'il fait, le père Féli les emmène sur les traces de Jules César et leur parle de la révolte des Sénons et du siège d'Avaricum. Il fait preuve d'une érudition qui bouscule toutes les idées de ces ilotes lecteurs de journaux : on peut vivre au fond des bois, sans chaussettes, et connaître les *Commentaires* ? Curieux. Le journaliste, lui, s'émerveille d'entendre la leçon d'histoire tomber avec cet accent roulant avec lequel dut être prononcée l'oraison funèbre d'Henriette d'Angleterre.

Cette lucidité du vieux m'inquiète. Ne va-t-elle pas le montrer intelligent, donc responsable ? Heureusement que lorsque le président lui demande : « Mais pourquoi avez-vous attaqué sauvagement ces paisibles ouvriers ? », le père Féli, lissant sa grande moustache d'Eduen, répond : « Comprenez-moi bien, mon président : César accourt pour réduire la révolte. Sa route le conduit à passer près de mon camp. En même temps, je reçois des messagers qui me demandent de le retarder afin que les patriotes aient le temps de se grouper. Il faut vous dire qu'en même temps les tribus amies ont attiré César plus au sud pour dégager Vercingétorix qui revient sur nous. J'attaque avec énergie. Je gagne du temps, pendant lequel Vercingétorix se rassemble sur Alésia. *La Gaule peut encore être sauvée* ! »

Emotion dans la salle. Le président rétablit le silence et pose différentes questions auxquelles le beau-père répond superbement. Une seule fois, il refuse de répondre, c'est au moment où le président lui demande :

« Mais, à votre avis, aujourd'hui, où se trouve Vercingétorix ? »

Il demande la permission de le lui dire à l'oreille ne voulant pas, dit-il, gâcher la campagne des Arvernes par une fâcheuse indiscrétion.

Rires dans la salle. Moi qui connais le vieux, je me doute bien que la scène ne doit manquer ni de relief ni de couleur.

Le président s'écrie enfin :

« Mais qui êtes-vous donc ? »

Le père Féli se lève alors, refait posément le nœud de lacet qui lui a toujours servi de cravate, glisse la main droite dans la fente de son gilet de chasse et, d'une voix tonitruante, répond :

« Je suis Convictiolan, roi des Eduens ! Vercingétorix a été battu à Vellaudunum, Genabum, Noviodunum et il m'a dit : pas de bataille, jamais plus de bataille mais des escarmouches partout. Je n'ai fait qu'exécuter les ordres. »

Dans la salle, le tohu-bohu est indescriptible, paraît-il ; le public devient excessivement bruyant. Le président prie les gardes d'emmener le coupable.

Le 19 janvier. Moi, Jefkins, je me suis levé aujourd'hui sans pousser ce râle de triomphe par lequel j'inaugure, depuis plus de trente ans, ma quotidienne joie de vivre. On dirait que chaque muscle, chaque viscère, chaque lobe du cerveau, chaque cellule, même la plus humble, se refuse à se prêter à ce marché de dupe où on lui demandera tous ses efforts sans jamais lui laisser prendre d'initiative ni le récompenser jamais de l'ivresse d'avoir créé.

Car, dans la vie de cette fourmilière complexe qu'ils appellent l'Husine, créer est l'affaire d'un collège restreint.

Le 20 janvier. C'en est fait : ils ont installé l'horloge pointeuse ! Jusqu'à présent, nous étions contrôlés en atelier par une cheffesse qui pointait nos noms et nous faisait signer. Ce matin, dans le hall d'entrée, l'horloge était là, entre ses immenses casiers où nos fiches toutes blanches nous attendaient.

Depuis la Louisiane, je m'étais bien promis de briser systématiquement ces instruments, mais j'ai été pris au dépourvu et j'ai simplement « oublié » de poinçonner ma fiche. Je l'ai d'ailleurs fait très ostensiblement.

A la coupure de midi, j'ai été appelé par la cheffesse.

« Vous avez oublié de pointer, ce matin.

– Non, je n'ai pas oublié. Je refuse de pointer. »

La cheffesse a ouvert des yeux ronds :

« Mais… C'est obligatoire… pour le contrôle.

– Quel contrôle ? Ma présence ne suffit pas ?

– C'est la règle… C'est pour faire respecter l'heure d'entrée.

– Je ne suis jamais en retard… Je n'ai pas besoin de cette honteuse machine. J'ai ma conscience. Elle me tiendra exclusivement lieu d'horloge pointeuse.

– La direction appréciera. »

On m'a tout de suite envoyé chez le chef du personnel.

« On me dit que vous refusez de pointer ?

– Oui.

– Voyons, mon garçon, qu'est-ce qui te prend ?

– C'est plutôt à moi de vous demander : qu'est-ce qui leur prend, à nos chefs ? La France, pour ne parler que d'elle, a fait d'innombrables générations d'ouvriers, de prodigieux ouvriers, sans avoir eu besoin de toutes ces histoires et voilà que, brusquement, on ne peut plus employer des ouvriers sans exiger qu'ils aillent processionnellement demander à une saloperie de machine un certificat journalier de ponctualité ?

– C'est que l'ouvrier n'a plus la même conscience professionnelle qu'autrefois…

– Je ne veux pas le savoir. Moi, je suis Jefkins et je vous prie de me rayer de la liste de ceux qui n'ont plus la même conscience professionnelle qu'autrefois. »

Il a souri. Un sourire très ému. Il a hésité longuement, puis : « C'est bien. Je vais en parler au chef de service. »

Lorsque je suis revenu dans l'immense vestiaire du sous-sol où chacun dispose d'un haut coffre en acier gris de peine, portant, en noir, son matricule, tout le monde chuchotait. On m'a regardé passer, mais personne ne m'a parlé. D'ailleurs on ne me parle pas beaucoup. Je ne suis pas syndiqué et tout le monde trouve ça bizarre.

J'ai pris la parole et j'ai dit :

« J'ai refusé et je refuse de pointer. Je considère que l'usage de l'horloge est avilissant et que c'est une atteinte très grave à la dignité humaine. »

Un grand silence a accueilli ma déclaration, puis la sonnerie de prise de travail a retenti ; comme elle commande le silence, nous avons gagné sans bruit nos sièges et, dans la minute qui a suivi, nos machines se sont mises à cliqueter leur sinistre bruit de squelette savant. Ronflement de deux cents mécanismes qui, atténué par des coussinets de caoutchouc synthétique, arrive, au bout d'une demi-heure, à former comme un carcan de bruit qui se referme de seconde en seconde. (Et dire que l'on va chercher l'alcool pour expliquer l'engorgement des hôpitaux psychiatriques !)

D'ailleurs parfois, une femme (il y en a une cinquantaine dans l'atelier) se lève, prend ses cheveux à pleines mains et se met à crier puis à trépigner, les yeux fixes. Ça ne dure pas longtemps, quelques secondes tout au plus, puis elle tombe sur son petit siège perfectionné et se met à sangloter sans larmes pendant vingt autres secondes.

La pause, qui a lieu toutes les heures, vient lui permettre de demander une autorisation modèle 18-72 que la contre-maîtresse détache d'un carnet à souche numéroté et dont le talon conservera le matricule de la malade, l'heure de sa sortie et l'heure de sa rentrée. Grâce à ce papier, elle pourra entrer au lavabo ou à l'infirmerie, le temps de se passer un torchon mouillé sur la figure ou de prendre un cachet et, lorsque la sonnerie de reprise résonne, elle est là, un sourire vaincu aux lèvres, comme si elle se croyait encore obligée de s'excuser de cette faiblesse ; elle se remet à nourrir de chiffres la mémoire électronique de cette machine qui, dit-on, libère l'homme.

Moi, je me trémousse sur mon siège nickelé à crémaillère qui est, je le répète, le dernier mot du progrès en matière de siège pour mécanographe. Il est spécialement étudié pour assurer « l'indépendance » de chaque main, de chaque pied, de chaque doigt, de chaque œil, de chaque oreille et, en définitive, pour gagner du temps.

Gagner du temps !

C'est pour gagner du temps que nous passons là huit heures par jour, les pieds sur nos pédales, les mains sur nos claviers, les yeux sur les colonnes de nos dossiers, l'oreille attentive pour prévenir à temps le grincement qui précède la sonnette de pénalisation.

Car nos monstres ne se trompent jamais. Trois secondes après l'erreur, un timbre cristallin, vengeur et triomphant, résonne. Il dit : homme, petit homme, inconstant, frivole, faillible, ridicule et prétentieux, tu viens encore de te tromper, et c'est moi, la machine, qui, en me jouant, relève tes erreurs !

Et chaque fois que résonne ce timbre, un voyant rouge s'allume au-dessus de la tête de l'opérateur comme pour dire à tous :

« Regardez-le, c'est lui, le coupable ! »

Et d'être ainsi désigné, par une froide machine, devant quatre cents yeux, m'a donné ce que l'on appelle maintenant un « complexe d'infériorité ».

J'aurais, si je l'avais pu, brisé cette machine que je hais. Elle est sans cesse prête au travail, ne se trompe jamais, ne se fatigue jamais, ne faiblit jamais, accuse, se souvient.

Et moi, ce que j'aime, ce sont les êtres qui se lassent, qui se trompent, qui oublient, qui changent, qui passent, car c'est se lasser, se tromper, oublier, changer qui est la vie…

En pensant à tout cela, je me suis arrêté de travailler, si on peut appeler ça travailler. Je suis resté immobile un instant, mais bientôt la voix de la cheffesse m'a rappelé à la réalité :

« Eh bien, la trente-trois ! »

Ah ! les femmes !

On dit qu'elles sont sensibles, subtiles, intuitives, tendres, compatissantes…

Je ne donne pas cinquante ans à l'humanité pour que la femme soit devenue son tortionnaire.

Son besoin d'aimer peut devenir, pour peu qu'on sache l'appliquer, le meilleur auxiliaire de l'inexorable exploitation de l'homme par la société. Les créateurs de l'usine le savent bien. Pour cette femme brune, assise sur son estrade de cheffesse de groupe et qu'on appelle « Salomé », exiger que je me consacre, seconde par seconde, à la machine et à l'usine, êtres femelles auxquelles elle s'identifie, c'est une façon nouvelle de jouer les mantes religieuses. Elle tient deux cents personnes entre les rouages implacables du service. C'est comme si elle tenait, haletants, entre ses cuisses, deux cents mâles qu'elle ne libérerait, le soir, qu'après en avoir tout exprimé.

Tout ce qui fait de la femme une amante farouche, une épouse parfaite, une mère admirable, peut en faire la pire des gardes-chiourmes.

A force de penser à toutes ces choses, j'ai perdu mon rythme et le soir, à la sonnerie, j'étais très loin d'avoir atteint ma norme. Ma prime sautait et j'avais une amende de deux points.

En sortant, nous sommes allés prendre un petit verre avec Miéjus, mon voisin. Je n'ai encore rien trouvé de mieux que le bistro pour secouer cette torpeur. Au bistro, on peut parler, entendre la voix humaine et regarder les hommes en face pour voir le drôle de cristal de leur œil où se reflètent des espèces d'étoiles.

Miéjus m'a dit :

« Pourquoi as-tu refusé de pointer ?

– Pour emmerder Salomé.

– Mais elle s'en fout, Salomé. Le chef va faire son rapport et tu l'auras dans le baba ! »

Je lui ai expliqué, non sans grandiloquence, que j'allais peut-être devenir la Jeanne d'Arc qui bouterait hors de France ces « ambiances de productivité » qui ne tendent qu'à camoufler le plus odieux des esclavages auquel glisse le peuple, anesthésié par le sempiternel : « Que voulez-vous, c'est le progrès ! »

Il faut dire que nous en étions alors au troisième pernod. Moi qui n'ai jamais bu autre chose qu'un petit vin blanc de-ci de-là.

Je suis affreusement abruti. Bonsoir.

Le 21 janvier. On m'a affecté à un autre atelier. J'ai cru comprendre que c'était pour éviter des incidents à l'horloge pointeuse, car ce nouvel atelier n'est pas encore doté de l'admirable dispositif.

Les écrivains vont chercher bien loin pour jeter, à des fins romanesques, leurs héros dans une atmosphère d'angoisse et d'horreur. La moindre usine peut, de nos jours, fournir ce cadre et Edgar Poe, s'il vivait, n'aurait qu'à pénétrer dans les ateliers modernes les plus perfectionnés pour nous faire frémir…

… Mais sommes-nous encore capables de frémir ?

L'atelier où je suis entré ce matin dépasse en atroce froideur tout ce que j'ai vu jusqu'à présent.

Cinq cents petites machines grincent des dents, toutes ensemble. Est-ce de faim ou de cruauté ? Pour les apaiser l'homme, debout, doit glisser, *toutes les trois secondes*, une lamelle d'acier spécial, entre leurs mâchoires.

Il prend la lamelle des deux mains, entre le pouce et l'index. (Ces lamelles lui arrivent sur un tapis roulant délicieusement crénelé.) D'un mouvement précis, et *toujours le même*, il présente cette lamelle devant la gueule de cette sorte d'hyène grinceuse dont le cri se modifie alors : de hargneux qu'il était il devient satisfait, une sorte de gloussement de sadique content de lui. Cela ne dure qu'une demi-seconde, mais pendant une demi-seconde on a l'impression de lui avoir fait plaisir.

Hélas, la lamelle étant déjà broyée à je ne sais quelle fin, l'hyène gronde à nouveau et découvre ses dents inégales et brillantes. Et déjà son esclave lui présente l'autre lamelle.

Et tout cela, je le répète, ne dure pas plus de trois secondes ; et toutes les trois secondes, l'homme, pendant huit heures par jour, donne à croquer une lamelle à cette saleté hystérique.

Ce n'est pas tout.

On m'installe devant le tapis roulant, en face d'une de ces bêtes fauves.

« N'ayez pas peur, me dit le jeune ingénieur, au début on se croit perdu mais on s'y habitue très vite ! »

C'est alors qu'il me passe deux jolies menottes de bakélite, reliées à la machine par deux sortes de bras souples.

D'une voix suave, le jeune ingénieur m'explique que, soucieux d'éviter des accidents, ils ont conçu ce merveilleux enclenchement machine-homme.

Je ne comprends toujours pas. Ou plutôt je n'ose pas comprendre. L'ingénieur continue :

« L'homme n'est en somme qu'une machine inférieure. Son défaut essentiel : il n'est pas réglable une fois pour toutes. Il peut faire cent gestes identiques et, "sans qu'on sache pourquoi" *(sic)*, abandonner cette régularité et manquer son cent unième geste. Déplorable défaillance qui n'avait pas grande importance dans le système artisanal (mépris dans la voix et le regard), mais depuis que l'individu est intégré dans un vaste système… »

On devine le reste.

Me voilà donc intégré dans le système au moyen de ces menottes dont l'ingénieur est très fier. Ne servent-elles pas, en effet, à envoyer dans les muscles de mes bras un courant de faible intensité qui provoque leur contraction brusque aussitôt que mon geste amène ma main ou un de mes doigts sur le trajet des mâchoires de l'outil ?

Progrès.

Je suis la grenouille de notre laboratoire scolaire à laquelle notre idiot de professeur de sciences excitait le nerf sciatique pour avoir le plaisir de voir fonctionner le myographe de sa fabrication.

Ce dispositif étonnant a, paraît-il, fait passer le nombre annuel des accidents de six cents à huit.

De six cents à huit !

Quand on vous le dit que le progrès industriel élève votre niveau de vie !

Pendant huit heures, je suis cette grenouille de laboratoire. Le soir, je suis envahi d'une torpeur qui doit avoir un nom médical et lorsque sonne la cessation de service et que je retrouve la rue, j'observe un accroissement de ma susceptibilité, un afflux extraordinaire de désirs confus et désordonnés, comme si tout mon moi, bafoué et contracté pendant huit heures, réclamait son compte avec une exigence proportionnée à la contrainte qu'il vient de subir. Baylet aussi, d'ailleurs, il en convient volontiers.

Nous avons soif. Je remarque que la plupart de nos camarades se jettent littéralement dans les nombreux petits bistros qui pullulent autour de l'usine. Nous aussi, nous y entrons pour boire avidement. Tout le monde lit le journal, autre façon de s'étourdir et de prendre contact, pour la première fois de la journée, avec la *Vie*.

Aujourd'hui, les journaux publient la photo du père Féli, au banc des accusés, entre deux gendarmes, ainsi que celle de ses juges et de ses jurés.

Le vieux a l'air guilleret, l'œil plissé de malice, la lippe en avant, la moustache goguenarde. Il fait plutôt bonne impression. Je reprends confiance.

Hélas ! le portrait des juges et des jurés me glace : ce Président, l'air las, la peau flasque, ces assesseurs flatulents ont des figures de guichetiers aigris. Ce ne sont que de vieux fonctionnaires au terme d'une carrière de mécontentement. Parfois des mots échangés entre le Président et le Procureur laissent à penser que ces messieurs liquident, entre eux, une ou plusieurs vieilles histoires d'avancement.

L'interrogatoire même est une plaisante fouterie où l'accusé revendique sa culpabilité au nom de l'unité gauloise et du particularisme éduen alors que le tribunal, avec un entêtement vétilleux, cherche à savoir si le père Féli était un bon élève à l'école communale ; puis les grandes robes se penchent sur la question de savoir si le père Féli a fait la guerre dans la cavalerie, comme il le prétend, ou dans l'infanterie, comme le dit son livret militaire (il s'agit de la guerre 14-18).

Le père Féli se lève et hurle :

« Je suis cavalier et j'en suis fier ! Ce n'est pas ma faute si tout a dégénéré et si le cavalier a dû se terrer comme un vulgaire biffin. »

La belle bagarre qu'il vient de déclencher là ! Une vive altercation s'élève aussitôt entre les deux magistratures : le Procureur fut cavalier, c'est visible, et le Président fantassin.

Les jurés bavent d'admiration devant ces passes dont le journaliste dit qu'elles sont brillantes.

Le père Féli arbitre les débats, attise cette glorieuse rivalité puis réconcilie tout le monde en clamant, de sa voix de tonnelier, sa foi dans l'unité gauloise et en confondant toutes les armes dans une motion de fin de congrès où les mots-maîtres : « Gloire », « Patrie », « Honneur », « Grandeur » et « Gaule » sont prononcés à bon escient.

La salle applaudit. Les photographes opèrent avec fièvre. On dirait une remise de croix aux Invalides.

Le procès reprend sur un autre ton :

« Comment expliquez-vous, Convictiolan, qu'un chef éduen manie si bien la mitrailleuse ? demande le Président.

– J'ai pris ce que j'avais sous la main... et puis il faut bien suivre le progrès ! (Rires)... Ecoutez-les, monsieur le Président : ils rient ! Pendant que nous les défendons contre la barbarie, d'où qu'elle vienne, ils rient ! »

Le vieux se tourne vers la salle :

« Vous pouvez rire, je défendrai votre sol, pied à pied, envers et contre tous et la mort seule interrompra ma mission !

– Vous semblez, en somme, très content de vous ? demande le Président.

– Monsieur le Président, plus je me regarde, plus je me dégoûte, mais plus je me compare, plus je me préfère ! »

Le Président enchaîne :

« Vous rendez-vous compte que vous avez tué cinq hommes ? »

Féli se rengorge, prend un air très grave et dit :

« Oh !… J'en ai tué bien d'autres… à Verdun, aux Eparges, au chemin des Dames, à Sedan, à Saint-Privat, à Valmy.

– A Valmy ?

– Hélas ! oui, monsieur le Président, j'y étais aussi. Je suis partout où l'on viole mon pays, où on le vend, où on le pille, où on le donne aux technocrates apatrides… »

On devine le reste.

Après cela on entend les experts : médecins, psychiatres et autres spécialistes. L'un d'eux, professeur à la Faculté, s'il vous plaît, le déclare sain d'esprit et entièrement responsable ; un deuxième, professeur d'une autre Faculté, prête serment pour dire qu'il est gravement atteint et relève exclusivement de l'asile. Le troisième demande une contre expertise. Comme chaque fois qu'on s'adresse à trois techniciens, on reçoit trois avis différents.

Le 23 janvier. Deuxième journée de menottes libératrices, à l'usine.

Chose bizarre : le geste est devenu machinal et l'immobilité moins pénible, je dois en convenir, mais alors la pensée peut travailler. Je pense et cela devient terrible.

Je revois les images de ma vie errante : Barbado avec ses petites maisons de guimauve portugaise, au bord d'un petit port sans grue, sans dockers, sans charbon où trois Malais et quatre Tagals mettent trois semaines pour décharger une petite balancelle.

Je revois surtout cette Perrière, image de tant de fermes françaises, et tout de suite c'est la décharge électrique dans les deux bras et la fameuse secousse musculaire dont parlait notre professeur de sciences. J'ai eu tort de prendre ces professeurs de sciences pour de doux rêveurs et leurs exercices pour d'inoffensives démonstrations. Tout cela nous conduisait bel et bien à ce martyre de l'humanité.

J'étouffe. J'étouffe de colère et d'orgueil, comme ces requins que j'ai vus, tirés de la mer au cap Vert et qui palpitaient furieusement trois jours durant sur le pont brûlant de l'aviso, devant l'équipage qui riait de cette courageuse danse de mort.

J'en suis à la danse de mort.

Le 24 janvier. L'humanité a résisté à des millénaires d'incertitudes pastorales et cynégétiques, de rigueurs glaciaires, d'errances paléolithiques, de sanguinaires foutaises. Elle a supporté allégrement des siècles d'obscurantisme et même de despotisme, elle a même triomphé de deux cents ans de république, mais elle ne supportera pas un siècle de productivité.

Nous sommes en agonie.

Dans quelques lustres nous sommes morts.

Non pas notre corps, que la science, notre ennemie saura conserver en état de servir la machine, mais notre âme.

Notre âme ? Voilà que j'emploie les mêmes mots que Robert Baylet.

Le 25 janvier. Troisième journée de fers.

Quel drôle de goût dans la bouche chaque fois que je constate cette domestication du pensant à l'inerte.

Le servage ne m'a jamais offusqué. C'était l'asservissement de l'homme à l'homme. Le fort dominant le faible, comme il est naturel.

L'asservi pouvait encore se consoler en admirant ou en haïssant son maître. Le batteur de grenouilles pouvait même avoir le béguin de la femme ou de la fille de son seigneur, et l'exercice du droit de cuissage n'était, somme toute, qu'une manifestation sympathique, quoique brutale, d'un maître qui « en avait ».

Cette machine qui me commande et m'opprime ne peut pas en dire autant. Elle ne me laisse pas le temps de la caresser et ce serait comme si je pelotais un mort. Et encore ! J'aimerais mieux fourrer la main dans une charogne, car enfin j'y retrouverais encore la vie, celle des bactéries et des asticots, un monde grouillant et puant, fluctuant, multicolore et luxuriant, débordant d'activité, crevant de poésie, pétant d'utilité et de joie, pour tout dire, auprès de cette bécane.

Le 25 janvier, minuit. Je me sens sombrer dans le plus abject des dressages…

A midi, j'ai été appelé chez le chef du personnel. Genre Sciences-Po. Grand théoricien de la cybernétique. Il m'a demandé pourquoi je refusais de pointer. Il a parlé ensuite de la stricte répartition des tâches et de l'automatisme facteur de productivité. Je lui ai coupé la parole :

« De l'automatisme ? Je sais qu'il en faut quelque peu. Le plongeur de Perim, qui descend à quatre ou cinq mètres de profondeur pour chercher des perles, doit savoir trouver le poignard qu'il porte à la ceinture, il doit l'enfoncer, au bon endroit, machinalement, lorsque le requin se retourne pour le happer. Il faut de l'automatisme, lorsqu'en mer, à la voile, on veut changer d'amure, il en faut pour abattre un chêne, forger un outil, jouer un concerto, labourer ou semer. Oui, de l'automatisme, il en faut, mais dans la mesure où l'on n'y perd pas sa dignité. »

Il m'a congédié, sans conclure vraiment, en disant :

« Nous vous avons mis dans un atelier où il n'y a pas "encore" d'horloge pointeuse, pour éviter de nouveaux incidents. Mais réfléchissez ! »

Je lui ai encore demandé si, par hasard, je serais le seul, sur six mille employés, à avoir refusé. Il a répondu, d'un petit air triomphant :

« Hé oui, monsieur, vous êtes le seul. »

J'ai conclu :

« Voilà qui me remplit de stupeur ! »

Cette entrevue ne m'a pris qu'un quart d'heure, mais il n'en faut pas moins pour manquer le premier service de la cantine d'établissement. J'ai donc dû passer au second.

Chaque service dure vingt minutes. En vingt-cinq minutes au plus, on entre, on se balance une soupe, un plat garni et un dessert et on sort. Tout ça sans dire plus des dix mots strictement nécessaires.

Ah, ça n'a rien à voir avec le petit bistro de Quatro-Caboclos où les servantes changeaient de jupes entre le hors-d'œuvre et la *caroña*, avaient le temps de se peigner entre la venaison et le riz-de-fuego, et de gigoter une rumba entre la poire et le fromage sans que personne y trouvât à redire, bien au contraire.

Ça n'a rien à voir non plus avec l'auberge de Migny ou de n'importe quel village de France (je parle de la vraie) où, venus pour vendre des bestiaux ou faire affaire, les clients passent leur journée à se raconter des parties de chasse ou de jambes en l'air en se tapant sur les cuisses et en sifflant un verre d'aligoté.

Il paraît que ce genre-là n'est pas sérieux.

Les techniciens ont découvert que depuis des millénaires on gaspillait, ainsi, des minutes, des heures, des journées si précieuses pour la productivité et qu'on vivait, sans le savoir, d'une façon déplorable !

Ici, tout se passe rationnellement. Lorsque j'arrive, cinq ou six cents chrétiens se lèvent pour céder la place à six cents autres qui, depuis cinq minutes attendaient, tout prêts, pour gagner du temps.

Pour moi, depuis longtemps, depuis toujours même, le repas est un des meilleurs moments de la journée. Le bruit délicieux des assiettes entrechoquées, les parfums qui viennent de la cuisine me portent à jaser. « Bien jaser est à moitié digérer », dirait mon beau-père Féli. Je serais placé entre la Supérieure des Carmélites et le Nonce apostolique que je me livrerais quand même à des plaisanteries, toutes honnêtes, bien sûr, mais suffisamment relevées pour provoquer le rire qui détend le plexus, libère le gaster et suscite d'obscures sécrétions ouvrant la voie aux satisfactions d'une bonne digestion.

Hélas ! ici personne ne parle, sauf moi. Personne ne me répond. Je parle donc seul. Je parle de tout, comme chez le coiffeur, à propos d'un rien ; je lutine les dames, j'aimerais avoir des mots avec un homme, contredire, ergoter, me passionner, m'enflammer pour une théorie, pour, tout à coup, par une pirouette, savourer la joie de me contredire moi-même, en convenir et partir d'un bon éclat de rire qui découvre les muqueuses jusqu'au-delà de mes coquettes amygdales. Mais personne n'entre dans le jeu.

J'ai dit à une dame qu'elle avait, chose curieuse, le type de ces femmes Atahualpa qui montent faire la saison de cueillette du caoutchouc comme concubines des seringueros. Le mari en a pris ombrage :

« Je vous demande de respecter cette dame, m'a-t-il dit.

– La respecter, monsieur ? Mais je lui fais l'honneur de la comparer aux femmes les plus belles et les plus courageuses que j'aie jamais vues… »

Et je me mets à raconter la remontée du Rio Tarauaca, avec les nuits où les grands moustiques à claquettes construisent leur carrousel au-dessus de votre nez…

Tout le monde écoute, sans cesser d'avaler, à toute vitesse, le menu communautaire. Je n'en suis qu'à l'épisode des premières cataractes qu'ils ont déjà ingurgité le repas et pèlent leur unique pomme, alors que je barbote encore dans mon potage.

Dans une société honnête, lorsque l'un des convives est visité par la muse des souvenirs, tout le monde repousse son assiette vers le centre de la table, chacun fait une place pour ses coudes parmi les reliefs du repas, se verse une rincette et jouit de sa chance quotidienne d'avoir des amis diserts, au risque de gaspiller une heure ou deux. Ici, il n'en est rien.

Tant pis, je raconterai quand même :

« Tenez, c'est comme le jour de la *Charanca dos Marujos*… »

Et j'ouvre alors le coffre merveilleux qu'est ma cervelle, j'en tire tous mes brillants trésors : souvenirs, vrais ou imaginaires, quelquefois rythmés comme des poèmes

où se côtoient les coupeurs de canne à sucre

qui se fabriquent, aux heures creuses, pour eux seuls, dans l'ombre

une samba

les doigts tambourinant sur leur grand chapeau

et les maçons noirs, et les marchands d'eau,

et les saleurs d'holothuries

et les barques en forme de tête d'homme, couchées sur une plage

d'agates bleues et d'onyx

où passent des femmes cambrées et où les pêcheurs Aucas improvisent leurs danses immobiles où le seul regard et le sourire glacé des lèvres et les doigts révulsés chantent l'amour et la délicieuse peur panique,

et toute cette humanité libre

libre et ignorante, ivre de la frénésie de vivre sous le soleil et de se sentir palpiter…

Mais mes voisins ont fini leur repas et je n'ai pas terminé ma saucisse de chien réglementaire que sonne la fin du deuxième service et que les convives du troisième me talonnent. On me demande de céder la place :

« Pas fini, dis-je, la bouche pleine.

– Pas fini ? Voyez-vous que tout le monde mette une demi-heure pour manger ! Où en serions-nous ? »

Oui. Où en serions-nous ?

« Pressons, pressons, messieurs, vos machines vous réclament ! »

Les gens viennent là par couples : monsieur et madame, car madame aussi est « libérée » par ce progrès. Madame fait la queue des tickets de pain et de vin, monsieur fait celle des tickets de repas. On se rejoint à la table habituelle. Tout cela dans un silence fait d'un grondement de foule en marche.

Ils ont le regard des névrosés ou des asthéniques. Il est visible qu'ils ont du mal à quitter cet état d'hypnose dans lequel les ont mis les quatre heures de mécanographie matinale.

Je me demande même si cette rapidité du repas n'est pas voulue pour éviter que, l'euphorie de la table aidant, ces milliers d'hommes ne retournent à l'anarchie en prenant le temps de jaser et de plaisanter entre les plats et devant la dernière gorgée de vin rouge, dangereuse coutume qui n'aboutit qu'au relâchement des mœurs et nécessite une heure de remise en train, chacun le sait par expérience, donc une heure perdue pour la *collectivité* !

Ils mangent comme ils travaillent : sans y croire et sans y rien comprendre, sans rire, du bout des lèvres. Je n'en vois pas mordre à pleines dents, mâcher avec jubilation ni saliver avec entrain.

Pas le temps.

Pour vingt minutes, est-ce la peine de déclencher le processus de la jouissance ? Ils se glissent des phrases furtives : « Ce soir tu passeras prendre le jambon, moi j'irai chercher le pain, ça gagnera du temps… »

Gagner du temps ! Je n'entends que ça.

Mais, foutrebleu, je voudrais bien savoir pourquoi, depuis l'ingénieur jusqu'au mécanographe, tout ce monde cherche à gagner du temps ?

Qualité de la nourriture ? Elle me rappelle celle du collège ou, mieux encore, celle de la caserne, le progrès consistant, c'est avéré, à étendre le régime régimentaire à tout le monde et à la vie entière.

On ne peut pas, devant ce spectacle, ne pas penser à la ruche, cette société hyménoptère dont on se sert trop volontiers à des fins rhétoriques, et qu'on propose, hélas ! en exemple aux hommes.

Si les hommes savaient ce qui se passe dans l'atroce société des avettes ! Pour moi, qui le connais bien pour lui avoir demandé, chaque année, le miel familial, l'essaim d'abeilles est une société humaine qui a glissé au collectivisme intégral, par esprit de méthode.

De sélection en sélection, de normes en spécialisation, ces pauvres abeilles en sont arrivées, comme les fourmis et autres kolkhoziens, à n'avoir plus ni joie, ni sexe, ni vice, ni vie secrète, ni même la possibilité de quitter la société lorsqu'elles en ont marre ; privées de tous les caractères de la race, sauf un qui les spécialise, elles meurent si, d'aventure, elles choisissent la vie solitaire.

Je suis sûr qu'elles ont commencé par les horloges pointeuses, l'ambiance de productivité et les cantines d'établissement, pour gagner du temps.

Je dis à ma nouvelle voisine :

« Ça vous plaît, cette termitière, ces repas en vingt minutes, ce travail absurde ?

– … Au début, c'est très dur, mais on s'y fait. »

Comme les butineuses.

On leur a retiré le plaisir de l'amour, du farniente, du choix, du refus, de l'initiative, du changement, même du repos, en vue du bien public : elles s'y sont faites.

Elles regardent les deux mille mâles de la ruche s'exciter autour de la reine, seule vraie femelle, elles savent qu'un seul la fécondera et que tous mourront ensuite parce que inutiles, alors qu'elles, châtrées de naissance, n'y pourront rien. Elles payent peut-être ainsi la faute des premières qui ont dit, en toute bonne foi : « C'est dur, mais on s'y fait. »

J'aurais voulu dire à cette charmante brunette : si vous tenez à ce que le genre humain continue sa petite course vagabonde, il ne faut pas vous « y faire », il faut réagir, et cætera, mais après tout, je ne suis pas là pour endoctriner cette bande d'andouilles. Qu'il me suffise de savoir que je suis là par caprice et que j'en partirai bientôt pour une destination inconnue. Quand je voudrai.

Je pense aux repas de la Perrière.

Quel contraste. Quel vertige.

Le 26 janvier. Louisette m'écrit, affolée, qu'elle vient de recevoir des papiers, auxquels elle ne comprend pas grand-chose, qui lui font obligation de vacciner ses gosses contre je ne sais quelle tuberculose ; il s'agit du vaccin B.C.G. bien entendu.

J'ai piqué ma colère, naturellement.

Je m'en suis pris à tous les seringueurs professionnels qui, sous le masque de bienfaiteurs de l'humanité, ne visent qu'a conquérir tous les hommes par la médecine et qui, voyant que trop de gens leur échappaient encore, ont trouvé le biais, pour les faire rentrer, de force, dans le cycle médical, de leur inoculer légalement des vacheries dès leur plus tendre enfance, aux frais du contribuable.

Mais je veux mourir, moi, à l'âge de la mort, vers les quatre-vingt-dix ans, comme tous mes ancêtres, avec toutes les maladies qu'on voudra, mon paludisme-souvenir, la vérole si ça se trouve. Il faut bien mourir de quelque chose. Je n'ai pas besoin de ces tripoteurs de grenouilles, de ces chatouilleurs de chromosomes. Ils prétendent changer notre sexe, allonger ma vie, raffermir mes muscles, officiellement.

La santé laïque, gratuite, publique et obligatoire.

On ne leur a jamais demandé tout ça.

Je n'ai pas besoin qu'on change mon destin…

Et si un jour l'envie m'en prenait, ce n'est pas aux dompteurs de spermatozoïdes que j'irais le demander.

Le 27 janvier. Je suis convoqué à Dijon pour après-demain, pour témoigner au procès du père Féli.

Il me vient une idée : j'écris à Louisette pour lui demander de me préparer quelques cartouches de l'explosif agricole dont nous n'avons pas pu nous servir pour dessoucher le vieux verger.

Le 28 janvier. J'ai pris le train pour Dijon.

Au passage dans les combes des monts de Bourgogne, j'ai eu comme une révélation : j'ai revu ces forêts, ces friches, ces lointains abrupts, bleutés, où montait la fumée blanche d'un bûcheron.

Que n'y ai-je pensé plus tôt ? Il y a là, dans ces solitudes, je le sais pour les avoir rencontrés à la chasse, de petits villages de pierre, vides comme des carapaces de scarabées. Des hameaux qu'on trouve encore, dans des taillis farouches, en écartant les broussailles de la main. Des maisons, endormies pour toujours. Pour toujours ?

Louisette m'attendait à la gare, avec les petits.

J'avais emprunté de l'argent à Toto, à Baylet, à quelques autres. J'ai choisi un bon restaurant. J'ai voulu faire une petite fête et j'ai demandé un Aloxe-Corton.

Las ! Ce n'était pas de l'Aloxe-Corton.

Progrès, là aussi.

Progrès du microscope et de la « science » œnologique qui permet de cultiver des ferments du pinot de la côte de Nuits pour en ensemencer un algérie judicieusement tripoté, progrès des transports qui autorisent d'amener, en bonnes conditions, des vins de Numidie à Nuits-Saint-Georges, aux fins de tripotage, progrès de la science publicitaire qui induit les peigne-cul à prendre les vessies pour des lanternes et les staouéli adultérés pour un grand bourgogne.

J'ai pris la parole en plein restaurant pour déplorer que la Science n'aboutisse finalement, en la matière, qu'à cette utilisation dolosive du polygone de Kekulé.

« Où est le temps, me suis-je écrié, où l'ignorance des vignerons était telle qu'ils étaient incapables de produire autre chose que du bourgogne ? »

Comme les autres clients commençaient à se ranger de mon côté, j'ai fait une allusion directe aux pignoufs glorieux qui hochent la tête et claquent de la langue sur une gorgée de pisse-d'âne pourvu qu'on leur montre une belle étiquette.

Ayant ainsi fait l'unanimité contre moi, plus que jamais chevalier du cas particulier et zélateur du « Pas comme tout le monde », situation dont je tire toujours la certitude d'être dans le vrai, j'ai gagné le tribunal.

Dès son arrivée, le vieux m'a fait un petit signe et j'ai vu briller l'astuce dans son œil de Bourguignon salé. Il a ouvert lui-même l'audience en se livrant à un plaidoyer magistral en faveur de l'attentisme éduen.

« Gardes, faites taire l'accusé ! » lança le Président.

Les deux pandores esquissèrent mollement le geste de bâillonner le vieux, qui continuait :

« Pendant que Jules César me maintient arbitrairement dans les ergastules, c'est lui (il me désignait) qui continue la lutte et je lui délègue tous mes pouvoirs pour résister à l'invasion, organiser la guérilla, en liaison avec les peuples de la Gaule libre et pour faire sauter tous les ponts, les viaducs, les triages, les usines, les centrales thermiques et hydrauliques et les camps d'aviation, en vue de… »

L'avocat s'est approché et, encore plus bavard que lui, réussit à le faire taire. Ensuite il vient près de moi, me serre la main :

« Tout ira très bien, nous avons un bon jury ! »

Car il y a de bons et de mauvais jurys, comme il y a de bons et de mauvais avocats. Tout cela constitue ce qu'on nomme : la Justice. Et la justice est, comme on sait, une des assises de la *société*. Ce n'est pas rien.

On sent très bien que ce vieux sauvage, pur et intact, qui, un soir de colère, a mitraillé les hommes du pétrole (pas les responsables, malheureusement), peut très bien personnifier une civilisation luttant contre une autre civilisation qui veut l'étrangler ; l'avocat, toutefois, se garde bien de se laisser glisser sur ce terrain. Il a bien raison. Il présente son client comme un bon vieux cintré, patriote en diable, torturé par les nazis, après avoir été trépané pour la France en 1917.

L'avocat sait très bien que le père Féli n'a jamais été torturé par les nazis, mais il sait se servir d'une histoire de braconnage sanctionnée par la Feldgendarmerie sous l'occupation allemande, pour faire passer le vieux pour un martyr de la Résistance.

Mon interrogatoire se déroule sans histoire. Je fais très bonne impression. Je ne suis pas venu là pour faire le fendeur mais pour sauver la tête du vieux. Inutile de faire mon numéro de casseur d'assiettes. Rangeons-nous parmi les conformes quand le jeu en vaut la chandelle.

A tout hasard j'ai laissé tomber, dans mes réponses, que je m'enorgueillis d'avoir servi au 24e Chasseurs d'Afrique et je parle de mon capitaine avec des trémolos dans la voix. Ces bêtises-là prennent à tous les coups.

Le 29 janvier. J'ai repris le train après une bonne nuit de noces avec ma Louisette à l'hôtel et je suis arrivé à Paris avec mes cartouches. Ce sont de petits paquets qui ne paient pas de mine, gros comme un double tube de comprimés d'aspirine.

Je passe ma nuit à les équiper avec un petit détonateur et du cordon Bickford.

Le 30 janvier. Tout a marché à merveille : à huit heures, j'ai pu glisser une cartouche dans la fameuse horloge pointeuse et allumer la mèche.

Mon but, comme on peut le penser, n'était pas de décourager la direction, mais de voir la réaction du personnel, de leur montrer en quelque sorte une des innombrables façons de retrouver leur « dignité », comme dit le Méhariste.

La détonation a été très gentille et l'horloge s'est trouvée, très proprement, hors d'état de nuire.

Les camarades n'ont réagi que très mollement. Les responsables syndicaux ont improvisé de petites réunions sporadiques, ici et là, pendant la pause de midi et ils ont « stigmatisé » avec indignation ces procédés provocateurs qui ne tendent qu'à nuire à la productivité et au mouvement syndical dont l'efficacité ne peut être entière que dans l'unité… et cætera. On connaît le charabia.

La masse est assez désorientée. Pour « la Masse », tout ce qui ne vient pas d'un organisme central, hiérarchisé et ramasseur de cotisations, est suspect.

Le 1er février. L'horloge est remplacée.

Je m'en doutais, aussi avais-je apporté une autre cartouche. Aussi invraisemblable que cela puisse paraître, j'ai pu la poser, l'amorcer et disparaître sans être remarqué.

La petite explosion a fait des dégâts à peu près identiques à la première.

La température a monté cette fois mais les syndicats ne prennent pas position. Ils attendent la suite. Si l'affaire tournait à l'avantage du personnel, ils pourraient ainsi tous revendiquer l'initiative de l'action. Excellente propagande, surtout à ce moment de l'année où les trésoriers réclament les cotisations, but suprême de toute organisation humaine.

Qui est-ce qui rigole, dans cette affaire ? Le fournisseur d'horloges pointeuses. Et « la Masse » se passionne. On polémique. Quant à moi, ma parole, je me prends au sérieux ! Il s'en faut de peu que je m'imagine être un Vercingétorix ou une Jeanne d'Arc et tout à l'heure, devant un groupe enthousiasmé par la tournure que prend cette histoire, j'étais à deux doigts de monter sur une table, moi aussi, et de leur dire : « C'est moi, camarades, qui ai voulu vous montrer, etc. » Pour un peu, je me voyais aussi vendant des cartes, celles de *mon* parti et ramassant *mes* cotisations.

Rentré chez moi, mon rêve de grandeur s'est précisé et j'ai pris la tête d'une foule délirante, subjuguée par ma vibrante éloquence et mon ardent idéalisme.

Je me suis rattrapé à temps pour me mettre enfin à rire un bon coup, comme un gars qui viendrait de donner un coup de pied dans une fourmilière.

Je me suis enfin endormi en pensant aux villages abandonnés, silencieux, dans les monts des Arrière-Côtes bourguignonnes.

Le 2 février. La fourmilière est remise en état : l'horloge est remplacée. Les camarades pointent, prennent leur place à la chaîne, mangent à la cantine, l'œil terne, reprennent le métro. La petite bête est morte. Ce sont des individus « évolués » et moi je ne suis qu'un…

… Il y a, là-bas, quelques murs à rejointoyer, des terres reposées à remuer, des broussailles à sabrer à grands coups de coupe-racines. Je me vois comme si j'y étais.

Il me revient qu'aujourd'hui c'est Jeudi Saint. Alors, de mon enfance, par-dessus ces parfums, il me vient le souvenir de la quête des œufs : tous les enfants de chœur, en aube blanche et soutane rouge, passent dans les fermes isolées en chantant la complainte du Faux-Juif,

la complainte de Notre-Dame qui eut le cœur dolent
et des rires d'hommes
et les six coups de trompe de l'hallali du sanglier
et le jacassement d'une bande de vanneaux
que le bruit sec d'une cognée,
comme un coup de fusil,
fait lever en éventail noir et blanc.
Se peut-il, Jefkins, se peut-il que tout cela
n'appartienne qu'à des fantômes

assis sur les bancs de pierre
ou sur les seuils morts ?
et que les vivants n'aient plus que la sirène des usines, les menottes de sécurité…
et l'horloge pointeuse ?

Au moment où je relis, pour les transcrire ici, ces pages incomplètes et heurtées (je n'ai jamais été capable de tenir ce qu'on appelle un « journal » et je m'en soucie fort peu), je revois cette cour étroite, au fond d'un pâté de maisons sordides dans Clichy, où nous avions trouvé un gîte, Baylet et moi

L'univers le plus désespérant que j'aie jamais vu.

La prison de Sotoviento del Incarnacion où j'ai traîné six mois, avec ses cellules lépreuses, ses rats, ses sentines puantes, ses feuillées exaspérées de chaleur, était plus acceptable, car la puissante harmonie que le soleil mexicain arrachait aux ruelles du port et les cris des processions montaient jusqu'à la forteresse et les prisonniers, ivres d'oisiveté, dansaient toute la nuit en tapant des mains et en improvisant, sur des rythmes brillants et exaltés, des poèmes orgiaques où la joie de vivre éclatait comme un pamplemousse mûr.

Par comparaison, ce faubourg de Clichy et nos usines étaient de vrais bagnes.

Je revois l'escalier de bois qui conduisait aux galeries ouvertes sur lesquelles donnaient ces chambres. Je revois la cour sombre où battait cette porte, percée d'un cœur, décorée de virgules croûtées et qui portait le numéro 100 pour signaler, sans doute, qu'elle fermait la seule cabine d'aisances prévue pour cent personnes.

Et quand je parle d'aisances, je me comprends.

Il faut avoir vu encore ces galeries superposées de chambres borgnes où vivaient des familles entières, pour comprendre avec quel dédain et quelle dureté je traite notre siècle de lumières. Ce n'est pas le dénuement qui me gêne, tant s'en faut, car le dénuement fait partie, en quelque sorte, de mon confort qui a nom : indépendance, mais je me révolte contre l'hypocrisie sociale qui consiste pour les uns à faire croire et pour les autres à feindre de croire que l'homme a accédé au bonheur le jour où il est devenu l'auxiliaire de la machine.

Pour le reste, au fond, peu m'importait. J'allais, d'un moment à l'autre, j'en étais sûr, envoyer au diable esclavage et ingénieur, cheffesse et planning, husine, productivité, hiérarchie, sociométrie, vaccin, et si je tardais à le faire, c'était tout simplement pour contempler Baylet.

Robert Baylet menait, dans ce cadre idéal pour la poursuite de son salut, une vie curieuse.

Le froid était venu. Il vivait sans feu. Il ne tenta jamais d'allumer un réchaud clandestin ni d'enter frauduleusement un radiateur à son ampoule électrique.

J'avais déjà rencontré bien des gens étonnants dans ma vie, mais ce grand polytechnicien catalan qui eût pu s'asseoir dans le fauteuil de n'importe quel conseil d'administration et qui restait de longues heures en prière, à genoux sur le parquet, dans cette cellule glacée où grelottait son crucifix de bazar, qui servait la première messe tous les matins, qui allait soigner les camarades malades et donnait des consultations juridiques gratuites à tout un chacun, me donnait l'impression de côtoyer le saint.

Un vrai saint. Un saint de ma grand-mère. Un de ces gars rongés par la folie de Dieu et dont le sang mortifié avait éclaboussé, jadis, les murs vierges de mon âme. Un de ces saints abrupts qui furent les plus pures joies de mon exigeante adolescence.

Je l'ai surpris se levant, la nuit, pour réciter les psaumes de matines. Je l'ai rencontré quittant sa cellule et marchant, les lèvres agitées de ce fin tremblement qu'impose la récitation du bréviaire, car il disait chaque jour le bréviaire comme un prêtre.

Enfin, un soir, je le vis partir, tête en avant, portant sa serviette sous le bras, sa serviette de collégien vertueux. Je le suivis et, au moment où il s'engouffrait dans le métro, je m'arrangeai pour me trouver au portillon avec lui et je feignis l'étonnement. Il fit bien des façons pour me donner la raison de cette promenade nocturne, mais voyant que j'étais décidé à le suivre, il m'avoua qu'il allait faire des piqûres à la fille de Toto.

Toto était un camarade de l'usine qui avait deux enfants et dont la femme était au sana.

Ce soir-là, nous allâmes tous deux faire des piqûres à Mlle Toto. Les soirs suivants aussi et devant le monceau de linge sale que je trouvai, je me mis à faire la lessive pendant que Toto allait faire une deuxième journée de travail à la manutention de la gare de Vaugirard. Je faisais aussi la soupe pour toute l'équipe.

Tout cela constituait un très joli tableau tout prêt à entrer, sans adjonction ni retouche, dans ma biographie rose, celle qu'on pourrait publier, peut-être, pour opposer à la biographie noire.

Baylet, je m'en souviens comme d'hier, me dit un jour, alors que je passais une infusion :

« Je ne te comprends pas bien : tu dis que tu ne crois pas en Dieu et tu fais exactement comme moi qui y crois.

– Un croyant "fait la charité", et c'est pour gagner son salut. Un incroyant "rend service" et c'est pour avoir bonne opinion de soi.

– Tu as tellement besoin d'avoir bonne opinion de toi ?

– C'est mon paradis. »

Une fois enfin, je pus, par des pointes, hélas ! fort grossières, percer la carapace de silence dont il s'entourait. Je m'étais aperçu déjà que, petit à petit, autour de lui se constituait une sorte de communauté. Il recevait beaucoup de visites de camarades qui parlaient longuement avec lui. Ce soir-là, il revenait d'une mystérieuse réunion ; il s'assit sur son lit, les yeux clos, les mains ouvertes sur ses genoux et m'écouta évoquer des souvenirs de chasse.

Tout à coup, des pas résonnèrent sur la galerie. Il eut alors un sursaut, fit un effort pour sourire et dit : « Les voilà » et alla ouvrir.

C'étaient des camarades de l'usine de Javel et de Clichy, et deux autres que je ne connaissais pas. Baylet les reçut et je fis le geste de prendre congé.

« Tu peux rester, me dit-il, ces camarades m'ont demandé de leur parler de quelques problèmes sociaux… »

J'avais déjà le sarcasme à la bouche :

« Problèmes sociaux… Vous m'amusez avec vos problèmes sociaux. Il n'y a pas de problèmes sociaux. Il n'y a pas plus de problèmes sociaux que dans la jungle. Il n'y a que des cas individuels qui doivent être réglés individuellement par chacun, sous peine de déchoir, à ses risques et périls et selon ses talents personnels. Tu ferais mieux de leur apprendre à se démerder seuls, farouchement, plutôt que de leur faire croire que la "Société" avec la "Science" et le "Progrès" vont leur organiser une bonne petite existence… Tu devrais leur dire… »

Baylet, exaspéré, s'était levé. Son regard était devenu brillant, son geste aisé, sa voix forte. Il me coupa violemment la parole :

« Oui, Jefkins, oui, tu as raison, ne continue pas à m'accabler de tes sarcasmes. Oui, oui, oui, les techniciens organisent tristement le monde en fonction de la machine, oui oui, la technocratie déshumanise les hommes. Oui, il est temps que l'élite s'en rende compte, oui il est grand temps que les "taupins", comme tu dis, et surtout les sous-taupins, quittent l'infernal et fatal développement de leurs calculs et piétinent leur passion des abstractions, dussent-ils en souffrir le martyre. Ils doivent tout quitter, même leur famille… (Il s'arrêta, avala sa salive et reprit :) même leur famille… et se consacrer à résoudre le vrai problème. »

Il allait et venait :

« … Et le vrai problème, c'est, sans plus attendre, de trouver le moyen, dans la mise en œuvre des techniques et des structures modernes, de respecter et de fortifier la créature de Dieu : l'homme.

Voilà ce qu'on attend d'eux ! (le ton montait). Assez d'ambitions mathématiques ! Assez de curiosités de laboratoire transplantées, pour le plaisir, dans la pratique ! Assez de fusées interplanétaires ! Assez de cirque ! »

Il sembla s'apaiser et, très doucement, nous confia qu'il venait de reprendre contact avec plusieurs polytechniciens, des jeunes surtout, et des centraliens ainsi qu'avec ces gens qu'il appelait des « sous-taupins », ces élèves des innombrables écoles techniques qui, puisés parmi les intelligences très moyennes et privés d'imagination, ne pensaient plus que bielles, pistons et manettes. Il leur avait fait part de ses remarques et pensait rassembler un noyau de volontaires qui lâcheraient tout pour ne plus se consacrer qu'à résoudre ce problème. Il s'était assis sur son lit, au milieu de nous et, les yeux baissés, murmura :

« En une génération, le retard sera rattrapé. Je leur ai dit : acceptez de cesser cette masturbation intellectuelle qui nous dote, trop tôt, de techniques trop parfaites… »

Nous l'écoutions tous, non sans émotion. Il répéta :

« Une génération suffirait… Une génération doit se sacrifier. »

Puis s'adressant à moi, avec un sourire :

« Tu veux voir des taupins redevenir des hommes, as-tu dit ? Tu seras servi. »

J'ai haussé les épaules en disant :

« Tu seras suivi par la petite poignée de poètes qui s'est fourvoyée dans le corps des ingénieurs. Tout le reste continuera à imaginer des machines qui exigeront d'autres machines qui à leur tour rendront nécessaires des usines extraordinaires qu'on ne pourra fabriquer qu'après avoir inventé d'autres machines pour la construction desquelles il faudra raser des forêts, détourner et barrer des fleuves, noyer des villages, évaporer des océans, changer des climats, ce que l'on ne pourra obtenir qu'après avoir fait sauter des montagnes, et inventé, pour cela, d'autres machines encore, et il ne sera jamais plus question de mon plaisir, de ma fantaisie, de ma paresse, de mon humeur, de ma volonté propre, autour de quoi tourne mon univers qui est la seule chose qui compte pour moi.

Non, crois-moi : le camp de concentration pour tous les taupins et sous-taupins. C'est la seule solution ! On a fusillé des gens qui le méritaient moins qu'eux. »

Le lendemain j'écris sur mon journal :

« Ça suffit comme ça. Demain je fais le pied de nez à tout le monde et une fois de plus, je rejoins la dissidence. Ce sera le trafic de la drogue, comme me l'a habilement proposé Jojo le Recousu, ou le hold-up d'une banque, n'importe quoi plutôt que la productivité. »

Demain l'évasion.

Encore une.

Faisons en sorte qu'elle soit aussi bien réussie que les autres.

La vie est magnifique !

Le 12 février. Journée solennelle. Il fait gris et froid, mais la seule perspective de réaliser mon projet la rend lumineuse et c'est avec autant de joie qu'un matin de fauchaison que je franchis le portillon où l'œil électronique enregistre, sans rien deviner, mon entrée.

J'ai résolu de travailler pendant deux heures, le temps que ma colère monte et mûrisse pour éclater.

Pendant deux heures, je présente les petits morceaux d'acier et, sur le coup de dix heures, je m'arrête et je regarde la cheffesse, je mets les mains dans les poches en sifflotant allégrement et je me lève sans me presser pour aller tailler une petite bavette avec mon voisin.

La cheffesse me rappelle à l'ordre :

« Le trente-trois ! »

Je fais mine de ne pas comprendre. Elle insiste :

« Allons, le trente-trois ! »

J'ai l'air détendu d'un menuisier de village qui va en rouler une auprès de son voisin le forgeron. Une profonde joie m'envahit. J'ai besoin de chantonner et je chantonne. J'ai envie de faire une farce à mon voisin et je fais une farce à mon voisin. Quand j'aurai satisfait mon besoin de flâner je reprendrai ma place, peut-être.

La cheffesse crie dans le micro :

« Le trente-trois est prié de retourner à sa place ! »

Ça tombe mal, j'avais justement envie d'aller pisser.

En chantonnant je vais pisser et il n'en faut pas davantage pour créer un scandale, au siècle de l'atomicité.

« Le trente-trois ! Voyons, le trente-trois ! » crie le garde-chiourme.

Me voici dans les lavabos où le murmure de l'eau qui coule et la joie de pisser m'inspirent un hymne au Créateur sous la forme du grand air d'*Aïda*.

Il est possible que, séduit par l'acoustique particulièrement favorable du lieu, j'aie dépassé les trois minutes allouées à cette opération, travaux de brayette compris, car lorsque je rentre dans le hall, je trouve la plus grande consternation. Je reprends ma place et, tout en me mettant au travail, j'attaque la cavatine des *Pêcheurs de perles*.

Je ne prétends pas être digne d'entrer à l'Opéra-Comique, mais ma voix, à défaut de finesse, ne manque ni d'ampleur ni de vaillance. A peine pourrait-on me reprocher une légère tendance à forcer dans l'aigu. Dans l'ensemble, et pour un local aussi vaste que le hall qui nous abrite, c'est tout à fait potable et, de toutes façons, bien supérieur aux grincements de nos bécanes.

Pourtant tout le monde me regarde comme si je me promenais nu dans le métro. La cheffesse crachote dans le micro, une sonnette s'est mise à sonner, je ne sais où, et je continue à chanter.

Cependant je ne fais rien de sensationnel : je chante en travaillant. C'est ainsi que l'on construisit les cathédrales, que les moines défrichèrent la France, que l'on sculpta les meubles de jadis. C'est en chantant que les bûcherons fendirent, à la doloire, les merrains de la forêt de Tronçais dont les calfats construisirent, toujours en chantant, la marine royale. C'est en chantant que les maçons firent les plus beaux murs de France, en chantant et en prenant le temps de pisser. C'est en chantant que se tracent les sillons les plus droits…

Le jeune ingénieur vient d'entrer, avec deux contremaîtres.

« Taisez-vous.

– Comment ? Je vous sonorise votre hall et vous n'êtes pas content ?

– Vous voyez bien que vous jetez la perturbation dans le travail de l'atelier.

– Je n'en suis pas certain. Quoi qu'il en soit c'est une expérience à tenter. Autorisez-nous à chanter pendant un mois seulement et vous pourrez comparer…

– Je connais mon métier et vous n'êtes pas chargé de me faire la leçon.

– Je n'avais pas l'intention de vous blesser monsieur. Je chantais, tout simplement, et je brisais le rythme du travail car ce rythme n'est pas le mien. Ce n'est d'ailleurs pas non plus celui de mes camarades. Ce n'est pas un rythme d'homme. »

Il me regarde, atterré, ouvre la bouche, reste muet, puis :

« Suivez-moi ! »

Nous voilà dans son bureau. C'est moi qui attaque :

« Je trouve extraordinaire que des gestes aussi naturels que chanter et pisser provoquent dans cette maison un tel désarroi. »

Il croise les bras :

« Les Français sont extraordinaires. Ils ne veulent pas comprendre qu'une ère nouvelle commence. Finis l'à-peu-près, le laisser-aller, l'empirique ! Ma parole, vous êtes encore à la formule artisanale ? C'est ridicule : la cigarette qu'on roule, le canon de blanc, la petite conversation avec la voisine, le casse-croûte à l'ombre, mais c'est fini tout ça, mon ami…

– C'est grand dommage !

– Que vous le vouliez ou non, nous sommes entrés dans l'ère…

– Je suis entré dans l'ère qui m'intéresse le jour de ma naissance. J'en sortirai le jour de ma mort. Cette "ère Jefkins" est la seule qui compte pour moi et je l'organise à ma guise.

– Alors, il n'y a pas de place pour vous dans cette maison.

– Ce que vous dites là ne m'avait pas échappé. »

Je quitte le bureau, escorté des deux contremaîtres. Je traverse le hall. Les autres me regardent passer, consternés. Ils me conduisent au bureau comptable où l'on me paie ma semaine et me voilà sur le trottoir.

A peine ai-je fait mes premiers pas d'homme que l'un des deux contremaîtres me rappelle :

« L'ingénieur voudrait vous voir. »

J'hésite à rentrer dans cette maison. Pourtant une conversation avec un ingénieur est pleine d'enseignements. Me voici devant lui. Il a l'air ennuyé.

« On me dit que vous avez des enfants ?

– Oui. Deux. Bientôt trois.

– Vous avez pourtant l'intention de les nourrir ?

– Certes, mais pas dans ces conditions. En réalité j'ai fait ce scandale pour m'amuser mais je tiens à sortir de votre univers de fous.

– Vous êtes bien difficile. Les autres…

– Libre à eux de déchoir.

– En quoi estimez-vous qu'ils déchoient ?

– Par lâcheté.

– Par lâcheté ?

– Comment ? Voilà une bande de croquants qui ont dit holà aux tyrans en guillotinant les moins dangereux, et qui s'en vantent ; ils ont renâclé, depuis le fin fond de l'histoire et pas toujours à bon escient, contre l'arbitraire et l'inutile ; ils prétendent s'être fait massacrer sans lésiner pour assurer ce qu'ils appellent la liberté des peuples et l'affranchissement de l'esclavage.

Paraît la machine : silence et adoration.

Et pourtant montrez-moi, je vous prie, maître plus cruel, plus tyrannique que la machine !

Il faut dire qu'au début ce monstre vous avait un petit air gentil, voire secourable. Elle pouvait encore faire illusion, et lorsque les canuts firent des autodafés avec les métiers de Jacquard ils purent passer, à l'époque, pour des criminels, mais lorsque la machine, jetant le masque, se montra sous son vrai jour et se révéla de première force pour botter le cul, personne n'a rien dit. Aujourd'hui, d'améliorations en perfectionnements, elle préside, dirige, exproprie, exige. On obéit, maté.

Elle se fait construire des palais comme jamais aucun pharaon n'en a rêvé, elle empiète sur la vie de ses serfs, écrase leurs récoltes, dispose de leur temps, brise leur sommeil, motorise la barbarie, fait trembler le monde : tous s'inclinent.

– Vous exagérez beaucoup…

– Et le plus dangereux c'est que…

– C'est que ?

– Rien. Je perds mon temps pendant qu'il y a la vie à vivre. Adieu. »

LA PEAU DE CHAGRIN

J'aurais pu aller chez Jojo le Recousu. Il avait besoin d'un barman ; et quand on est barman chez Jojo le Recousu, tout devient possible, aussi bien le bagne à vie que la Mercédès grand luxe, mais j'ai préféré céder à l'invitation de Toto, ce camarade dont nous avons soigné la fille et je suis venu vivre chez lui.

Tous les soirs, nous dédoublons les lits et je couche sur un matelas, par terre, avec Marcel, son fils, entre le buffet de la cuisine et le réchaud à gaz, à demi engagé sous la table.

Je me suis mis à chercher de l'embauche. J'aurais pu, bien sûr, aller à la Bimbeloterie nationale pour acheter un petit stock de bijoux en clinquant, pour les revendre, dans la sciure, sur le marché des quartiers populaires, grands consommateurs d'horreurs coûteuses, ou encore fourguer des cravates à la sauvette dans les couloirs du métro, mais je suis venu pour vivre la vie des hommes libérés par le progrès, et non pour pratiquer un de ces derniers métiers solitaires qui frisent le dilettantisme. Comme Baylet, je veux souffrir avec l'« homme moderne », dans son cadre « rationalisé » et me repaître de ce spectacle jusqu'à en vomir, avec cette morbide délectation du type « qui avait prévu tout ça ».

Après quoi j'entrevois très bien le petit hameau en ruine, au fond des monts de Bourgogne, où j'irai digérer mes expériences, face aux grands nuages que pousse le vent.

La vie de cette famille Toto mérite d'être contée non parce qu'elle est originale, mais au contraire parce qu'elle est celle de tous les ouvriers des grands centres, c'est-à-dire les deux tiers de la population de cette France à demi en friche, dont un gars a dit pourtant que le labourage et le pâturage lui tiennent lieu de gougouttes.

Las ! ce temps est loin !

Le Toto en question et sa femme se lèvent tous les matins à cinq heures et, laissant leurs enfants se débrouiller seuls, prennent le métro, traversent tout Paris pour arriver avant que tombe la guillotine du contrôle de leur usine. Ils ne rentrent qu'à huit heures, abrutis, l'œil lourd. Toto est juste assez pris de boisson pour étaler des loques de confidences sans suite, en exhibant les tatouages de ses bras flasques.

Régulièrement remonté par les camarades, il se plaint de la dureté des temps, tout en regardant au loin l'immense lueur du Progrès.

Né de provinciaux attirés à Paris par cette même lueur, qui a reculé au fur et à mesure qu'ils en approchaient, il a encore assez de bon sens pour apprécier le comique de la situation. Lorsque l'on soulève la table de la cuisine pour dérouler le matelas où couche habituellement son fils, il ricane :

« Et dire que c'est le confort qui a attiré les populations rurales dans la ville-lumière ! »

Mais ces éclairs d'humour lucide sont rares et fugaces. Habituellement il tient pour certaine l'amélioration de la race humaine, déjà fort amendée depuis la Révolution française et attend une sorte de miracle atomique qui le libérera définitivement du travail. Il tient, dur comme fer, que cette libération est possible en tout cas, mais qu'elle sera merveilleusement rapide pourvu qu'on laisse faire les Russes, qu'il appelle les Soviétiques.

Ses enfants, livrés à eux-mêmes, semblent incapables d'imaginer autre chose que la vie urbaine et grégaire. Leurs vacances de pauvres petits Parigots se sont partagées entre le ruisseau de la rue Chevaleret et les différentes colonies, celle du curé, celle des Faucons rouges et celle de l'Husine, qui se les disputent, et où les camarades, les moniteurs, le Règlement, se sont toujours interposés entre eux et la nature, pourtant bien tentante.

Le jeune Marcel m'a tout de suite pris en amitié. Son père lui ayant raconté ma vie agitée, le gamin m'admire. C'était fatal.

Pour lui, je suis un peu le héros des westerns dont il se nourrit, à la consternation de son père qui lui reproche de se laisser accaparer par la propagande américaine et le capitalisme pourrisseur.

Le soir, lorsqu'il ne va pas au cinoche (il y est toujours fourré. Où prend-il l'argent ?), il me demande de lui raconter quelque chose. Je puise dans le fatras de mes souvenirs. Je lui raconte Quatrocaboclos, la Penueca, Sacramento. Je lui raconte l'Amérique, l'Allemagne, l'Ursse et, tout doucement, je me suis laissé aller à évoquer la Perrière : la maison solitaire, mes chevaux, les bruits de la forêt, les nuits d'affût au sanglier.

Avec une joie profonde et sarcastique, je l'ai senti mordu par le virus de la liberté et envahi par la grandeur farouche des vies saines. Lorsque je lui donne à choisir entre les récits d'Amérique et les souvenirs de là-haut, il dit :

« La Perrière ! La Perrière ! Est-ce que tu montais sur tes chevaux ? »

Ou bien :

« Mais ton charbon ? Où que c'est que t'achetais ton charbon ? »

Et lorsque je lui explique que jamais la maman Fine n'avait vu de charbon de sa vie et que c'est une honte, simplement pour se chauffer, d'obliger des hommes à passer leur vie sous la terre, il murmure :

« Oh ! merde ! j'y avais jamais pensé !… Mais avec quoi que tu te chauffais ? »

Je lui explique que la forêt était là et que nous n'avions qu'à couper, dans le taillis que nous possédions et dans les affouages que la commune donne gratuitement dans nos pays forestiers ; il reste un instant hagard, la bouche béante, puis, dans un souffle :

« Oh ! merde ! »

On le sent prêt à douter. Pourtant, un Jefkins qui vous refroidit un homme d'un coup de surin, un Jefkins qui se met à chanter en pleine usine et qui engueule l'ingénieur, ça ne peut pas mentir…

Il me regarde bien en face et revient à la charge :

« Et les sangliers ? »

Je lui parle des grandes bandes de huit ou dix ragots qui traversaient parfois la combe au grand galop ; je lui parle des laies suivies qui, au petit jour, venaient retourner nos patates ou croquer l'avoine avec des petits grognements de plaisir. Je lui parle des chevreuils. Il murmure encore un « oh merde ! » admiratif. Je me prends au jeu. Je continue mes histoires. Il m'interrompt.

« Pourquoi que t'es parti ?

– On a trouvé du pétrole dans le coin. On a amené des chieries de moteurs et de ferraille. Ça a commencé à puer. Tu penses que les chevreuils sont partis ! »

Il opine :

« Tu penses ! Comment qu'ils se sont trissés, les chevreuils ! »

Il hoche la tête puis me dévisage. Son regard dit : « Est-ce que tu ne me bourres pas le mou ? »

Hélas ! non, Marcel, je ne te bourre pas le mou. Tout ça existe.

Mais après tout, j'ai peut-être tort de le lui révéler ? Le samedi suivant, mon carnet-journal pousse un cri de joie :

« Le père Féli est acquitté ! »

Je danse une gigue en hurlant :

« Les jurés ont admis que le pauvre homme était devenu fou. Hélas ! ils l'ont condamné à payer dix millions de dommages et intérêts aux familles de ses victimes.

Dix millions. C'est exactement la somme qui nous a été allouée à titre d'indemnité pour nous chasser de la Perrière.

Ce cher petit pétrole nous a proprement dépouillés de ce que nous avions de plus cher au monde et nous a volé non seulement le fond, le manse, fondement de toute dignité et seul gage de liberté, mais même notre gagne-pain. Et tout cela avec l'approbation de la foule et l'apparence de la justice.

Il est temps que je porte à un grand journal le manuscrit que je viens de terminer sur "l'Affaire de la Perrière", où je malmène comme il se doit la prétendue Utilité Publique et le trust des pétroles. »

Je suis donc allé porter mon manuscrit au colonel Maudhuit qui m'a dit :

« Je vais tenter de vous placer ça dans un journal mais je doute fort qu'on l'accepte… Vous comprendrez que les trusts du pétrole ne peuvent pas admettre qu'un journal publie ça !

– Mais… la liberté de la presse ? »

Il m'a regardé, les yeux mi-clos :

« Jefkins, m'a-t-il dit, vous n'êtes pas assez bête pour croire qu'un journal s'imprime sans argent. Avez-vous déjà vu un journal dire du mal du progrès industriel ? Tous louent sans réserve les grands travaux, le pétrole surtout. Le pétrole fait vivre grassement des milliers de hauts technocrates…

– Les nouveaux féodaux !

– … qui doivent dire à leurs serfs, et leur répéter, que le progrès industriel les conduit au bonheur ! C'est la propagande, mon cher ! A part un homme par-ci par-là qui, comme vous, a les yeux en face des trous et qu'il est aisé de faire passer pour un sophiste, tout le monde accepte la folie du progrès parce que la Presse en vante les bienfaits. Bien sûr, vous ne lisez pas le journal, mais eux le lisent. C'est leur évangile.

Imaginez que tous les ouvriers s'aperçoivent de la sottise de leur condition et de la cruauté des méthodes modernes de travail, tous feraient comme vous : cartouches de dynamite dans les appareils de contrôle, refus de se plier aux normes égalitaires, discussion des ordres donnés, refus de cohabiter dans les grandes agglomérations, retour aux conceptions libérales et au rythme artisanal, au régime de la bonne volonté, au libre choix de l'emploi du temps, au dilettantisme, bref à l'anarchie, il n'y aurait plus moyen de les mobiliser dans nos grandes machines, vous le savez aussi bien que moi. Sans main-d'œuvre et sans clients que deviendraient nos usines ? Et si les usines ne marchaient plus, comment seraient payés les ingénieurs, les bailleurs de fonds ?…

– Vous faites le procès du capitalisme.

– Capitalisme ? Que me chantez-vous là ? L'U.R.S.S. est la première à construire de monstrueux combinats et c'est bien elle qui a inventé le stakhanovisme ? Les deux cents familles sont remplacées depuis longtemps, aussi bien là-bas qu'ici, par la technocratie.

– Les forts en maths ?

– Hé oui, les forts en maths, les nouveaux seigneurs. »

J'ai éclaté de rire. Je l'ai regardé dans les yeux :

« Je ne vous savais pas si bon avocat du diable », lui ai-je dit.

Il a ri :

« Nous avons assez débité de sornettes aujourd'hui, a-t-il ajouté. Ecrivez donc plutôt un article sur “Pourquoi j'ai tué Rahal ben Tahar”... Apportez-moi ça dans huit jours. Racontez la bagarre. Ils aiment ça. Mettez-y des termes de judo : la planchette japonaise... hem ! mettez-y une fille, pas la mienne bien entendu ! N'importe quoi. N'oubliez surtout pas le côté sexuel... hem !

– Et le kif ?

– Oui, la drogue, c'est ça... hem ! Rahal ben Tahar fumeur de kif. Dangereux névrosé. Ils raffolent de ça. On l'éditera ensuite en plaquette. Ça se vendra très bien au moment de votre procès. »

Je l'ai quitté là-dessus. Il m'a « avancé » trente mille francs sur le manuscrit.

En quittant son bureau, j'ai été happé par Anne Maudhuit qui m'a emmené dans le salon et m'a dit :

« Robert avait quitté Paris, n'est-ce pas ?

– Oui...

– Il est revenu.

– Je l'ignorais.

– Jefkins !... On m'a dit qu'il était allé prendre contact avec le R. P. Princiet, celui qui s'occupe des vocations tardives... »

Sa voix s'étrangla dans sa gorge. Elle me prit par le bras droit à deux mains, me le serra avec une force étonnante et cria :

« Les vocations tardives !... Vous entendez ? Les vocations tardives ! »

Très calme, j'ai répondu :

« Princiet ? C'est un de nos amis de collège. Moi aussi je vais aller voir Princiet, un de ces jours, pour boire une bonne bouteille. Ça ne prouvera pas que je veuille me faire curé ! »

Elle a semblé réconfortée par mon mensonge. Elle a souri, puis m'a regardé :

« Oh ! bien sûr, avec vous, Jefkins, tout paraît simple et réconfortant… Mais promettez-moi de nous ménager une entrevue, sans qu'il soit prévenu… Je veux lui parler… lui parler une dernière fois… Je suis sa fiancée, tout de même. Dieu le sait. On ne peut pas laisser une fiancée pour servir Dieu… »

Elle a éclaté en sanglots.

« Il m'a embrassée, vous entendez ? Il m'a embrassée !

– Ma pauvre petite, ai-je lancé bêtement, si toutes les femmes que j'ai embrassées… »

Je me suis repris et j'ai promis l'entrevue.

Le surlendemain, le colonel m'informait qu'il m'avait trouvé une place d'auxiliaire au bureau central de liquidation des chèques postaux. C'était le mieux que je pouvais espérer pour compléter ma documentation. Cette cage de verre où l'on m'a collé, ce hall immense où le troupeau des clients piétine ou s'assied sur des files de bancs alignés, ce haut-parleur qui appelle des numéros, ces paperasses que l'on vous passe par un petit guichet, comme la gamelle à la prison de Sotoviento, tout cela dépasse l'imaginable. Oui, la réalité dépasse la fiction, c'est indiscutable. Jamais le Dante ni Octave Mirbeau n'auraient trouvé ça : Il y a là-dedans des gens, mâles et femelles, qui restent enfermés dans les cellules de verre, neuf heures par jour, à tamponner des paperasses et à inscrire des chiffres sur des machines qui font un drôle de petit bruit, au son du haut-parleur qui récite d'autres chiffres, et les clients se lèvent un par un et défilent dans ces sortes d'isoloirs en verre.

Dès le premier jour, je suis sorti de là-dedans la cervelle en accordéon et je suis allé boire un glass avec le premier venu.

Mensonge indispensable du néon et de l'alcool après une journée comme celle-là ! sans air, sans soleil, sans rire, sans flâner.

Rentré chez Toto, je m'attelais à mon manuscrit. Lorsqu'il revenait de l'école, Marcel me regardait écrire pendant un quart d'heure puis me posait des questions. Je répondais et bientôt il me fallait raconter des histoires.

J'en arrivais à rêver tout haut devant ce gamin. Je parlais des grands feux de brindilles, dans la coupe, des repas d'escargots grillés, sur les braises, qu'on croque avec un grain de sel et du pain rassis, à la couleur du ciel au-dessus des monts vides d'hommes.

Marcel était près de moi, le menton sur les genoux, l'œil embrasé d'un feu bizarre, le teint pâle comme tous ces emmurés vivants, et tellement crispé qu'il me faisait peur.

Etait-ce prudent, était-ce charitable de parler ainsi au damné de la splendeur du paradis ?

Il me posait une foule de questions sur la Perrière, sa situation, le nom de la bourgade la plus proche et moi, pris au jeu, je lui dessinais la carte de la région.

Jour après jour, la Presse poussait des cris de joie en annonçant des nouvelle de ce genre :

« … Du pétrole en Vendée !… en Gironde !… en Ardèche !

« … De l'uranium en Livradois !… Dans le Forez !

« … Une usine atomique dans le Morvan !

« … Un combinat industriel va être construit dans l'Astarac ! On décentralise !

« … Un terrain d'atterrissage monstre en Berry !

« … On barre l'Arve. 300 000 kilowatts !

« … On détourne la Durance…

« … On va fermer la baie du mont Saint-Michel !

« … On noie le hameau de X… 200 000 kilowatts !… »

A longueur de pages, c'était le même refrain.

Sur la petite carte de France que j'ai dans mon cœur, je reportais, une à une, ces zones massacrées et profanées et, petit à petit, je voyais le pays des honnêtes gens se rétrécir, se rétrécir comme une peau de chagrin. C'est ainsi que je pris conscience que le mal était plus avancé que je ne pensais ! Il m'apparut clairement que la décentralisation industrielle n'était qu'une façon d'étendre au pays tout entier la pourriture qui n'avait atteint que quelques centres sacrifiés…

Le pays de la lenteur et du bon vouloir était submergé, avec une effrayante rapidité, par l'abjecte gadoue de la marée industrielle.

Sabotage ou fatalité ? Peu m'importait. Ce qui m'obsédait, c'était de savoir ce qu'il resterait dans vingt ans, à ce rythme, de notre terre des hommes.

Vivrais-je encore lorsque ce raz-de-marée aura tout recouvert ? Si oui, où irais-je respirer ma petite ration de terrestres douceurs ? Où trouverais-je les rudes caresses de ma mère nature ? Où irais-je cacher ma paresse et mon dilettantisme ?

Quelque chose se crispait atrocement dans ma poitrine lorsque je lisais : « Des dispositions légales sont prises pour favoriser et aider les prospecteurs individuels en France », car je voyais, par la pensée, nos bois, nos guérets, nos friches et nos taillis, nos ouches et nos vergers, nos landes et nos garrigues envahis par ces ilotes diplômés, ces échappés de laboratoire, ces phénix d'amphithéâtre, le Geiger sur le ventre, ces sortes d'Attilas à la petite semaine, dont le rêve est que l'herbe ne repousse plus jamais nulle part, et auprès desquels, tout compte fait, les Vandales ne furent que des promeneurs un peu turbulents.

Marcel m'écoutait ainsi parler. Il était couché sur la paillasse et se taisait. Un soir, son père est arrivé près de lui, excédé :

« Tu vas bientôt te mettre à tes devoirs et à tes leçons, plutôt que de… »

Le gosse s'est levé et a fait face :

« Je ne fais plus de devoirs. Je ne vais plus à l'école. J'en ai marre ! »

Avec l'énergie d'un homme dopé de trois apéros, Toto est tombé à bras raccourcis sur son rejeton qui a laissé passer le choc sans dire un mot, puis, lorsque le quadragénaire, essoufflé, s'est arrêté :

« Tu peux me tuer, j'irai plus à l'école.

– Mais ton avenir…

– Mon avenir ? parlons-en. L'école jusqu'au C.A.P. et l'usine à perpète. Je marche pas.

– Faudra bien que tu gagnes ta croûte.

– Pas comme ça.

– Mais comment ?

– Je sais pas. J'en ai marre. »

Là-dessus, il est parti en claquant la porte. On l'a entendu descendre les escaliers en avalanche.

A minuit, il n'était pas encore rentré.

Je retrouve sur mon carnet cette page écrite d'une main fort imprécise :

« Je rentre du bureau central des chèques postaux et ma journée, dans ma cage de verre, m'a tellement abruti que je suis allé boire un petit Ricard avec des collègues. Dans cette bon dieu de sacré putain de vie, on ne peut tenir qu'avec un coup dans le nez. Indiscutable.

Que monsieur le président de la Ligue antialcoolique lise ce carnet et en fasse son profit. S'il ose.

Je vois ça d'ici : le président de la Ligue antialcoolique demandant la suppression des bureaux de chèques postaux et la suppression de tous les temples de l'abrutissement ! Il serait vite débarqué, le président de la Ligue antialcoolique ! C'est tellement plus commode de mettre l'alcoolisme sur le compte de la débauche et de la négligence ! »

A la fin de cette diatribe, cette phrase :

« Le jeune Marcel n'est pas encore rentré à la maison. »

Puis, à la date du lendemain :

« La catastrophe a eu lieu ! C'est le journal du soir qui a apporté la nouvelle. Une bande de jeunes dévoyés attaque un fourgon postal, s'empare d'un sac de valeurs et disparaît.

L'article raconte l'affaire et décrit les jeunes bandits, notamment le chef : c'est le portrait de Marcel. Il n'en faut pas douter. »

Le 13 février. C'était bien Marcel.

On l'a retrouvé, avec ses copains, dans la forêt d'Othe, entre Sens et Saint-Florentin, blottis dans une cabane, transis de froid. Ils avaient volé deux scooters et s'étaient arrêtés là, en panne d'essence, sans un sou, les sacs volés ne contenant que des mandats et des papiers administratifs.

Avec Toto nous avons couru, vainement, les commissariats. On s'est fait mettre à la porte de la P. J. au petit jour.

Il était cinq ou six heures. On s'est jetés sur la presse du matin, toute fraîche. L'affaire Marcel y figurait en bonne page, bien entendu.

Naturellement tous les journaux accablent les jeunes gangsters, les parents trop faibles. On invoque l'alcoolisme (encore lui).

L'Humanité incrimine la misère et le taudis, donc le capitalisme.

Mais personne, non personne ne parle de l'avenir qu'on réserve à ces gosses : horloge pointeuse, normes, tintamarre, caporalisme, asphyxie, cadre glacé et inhumain des disciplines industrielles, des hiérarchies, des plannings et cet épouvantable ennui citadin que l'on fuit à coups de cinéma et de petits verres et qui conduit le petit gars entreprenant et courageux aux hold-up. Il irait jusqu'au crime. Tout, plutôt que cette vie de termite qu'on lui promet pour récompenser ses efforts d'écolier, à quelque échelon de la hiérarchie qu'il puisse parvenir. Les vingt-cinq ingénieurs de l'Husine ne poinçonnaient-ils pas, comme des manœuvres ? N'étaient-ils pas parqués, en file indienne, dans des petits boxes de verre coulé, comme de vulgaires manœuvres, des manœuvres diplômés, des manœuvres supérieurs il est vrai ?

Bien sûr, je reconnais un peu mon influence dans ce hold-up et cette fuite, mais on aurait tort de m'inculper pour tous les délits de jeunes délinquants auxquels je n'ai jamais adressé la parole et dont on parle un peu partout.

Quoi qu'il en soit, on va les « redresser ». Je ne sais trop de quelle façon, mais on est en train de moderniser la chose et tous les espoirs sont permis.

J'en étais là dans mes réflexions lorsque Baylet est entré. Je ne l'avais pas vu depuis plus d'un mois et je n'avais de lui aucune nouvelle. Il avait maigri. Sa mèche était plus rebelle que jamais. Il portait une sorte d'anorak gris trop grand, un pantalon de velours d'Amiens et de gros godillots.

Il enleva gauchement son anorak et je vis, sur une sorte de blouson de drap gris foncé, une croix en bois suspendue à son cou par un lacet de cuir.

Il s'assit et, comme il joignait les mains, je m'aperçus qu'elles étaient calleuses, hâlées et brûlées par le soleil. Je ne lui ai pas laissé le temps de parler. J'étais trop excité et j'ai continué :

« … Le problème de l'enfance délinquante ? Ah ah ! laissez-moi rire ! »

Je lui ai raconté l'aventure du jeune Marcel et, comme j'étais en verve, j'ai poursuivi :

« … Délinquants, ces trois gaillards ?… Ils en ont marre, voilà ! Ils sont partis pour fuir la société qui, la société que, et cætera. » (On connaît maintenant le refrain.)

Robert Baylet, ses paupières bleues baissées, la tête un peu penchée, comme celle des saints sur les images, semblait dormir. Pourtant, ses lèvres pourpres palpitaient.

En gesticulant, j'ai fait tomber le journal déchiré qui enveloppait mes laitues et une photo est venue en évidence. C'était le portrait du nommé Owen Chain, le grand biologiste américain, celui qui, entre autres foutaises du même genre, a réussi, à force de tripatouiller les chromosomes, à déterminer à l'avance le sexe des têtards.

« On pourra bientôt déterminer le sexe des enfants », disait l'âne de journaliste qui avait signé l'article.

J'ai empoigné le papier et, le brandissant sous le nez de Robert Baylet, j'ai hurlé :

« Tu le vois, celui-là, avec sa figure d'échassier binoclard et son regard de châtré ! Qu'a-t-il fait, depuis qu'il respire ? Des équations à six ans, des paraboles à onze et, à l'âge où nous faisions des parties de jambes en l'air, mossieu concevait l'antiproton ; et maintenant ? que fait-il, le premier de sa classe ? le phénix ? Il continue à besogner, le cher petit, et c'est lui qui va faire sauter la planète selon toutes les règles de la mathématique et avec la bénédiction du sieur Einstein, le roi des emmerdeurs, le très dangereux mélomane qui a forgé la clé de l'enfer, qui a ouvert la porte et qui, ayant perdu la clé, n'a jamais réussi à la refermer.

La voilà, la véritable jeunesse délinquante !

Que ne parque-t-on ces jeunes prodiges dans un amphithéâtre modèle transformé en camp de concentration, doté de toutes les cornues, de tous les abaques, de tous les ignitrons dont ils pensent avoir besoin, et là, mâles et femelles, car il en est de femelles, pourraient s'en donner à cœur joie, en une collectivité exclusivement endogame qui, par le jeu des chromosomes, ne produirait plus que des chimistes, des physiciens et des mathématiciens, ces derniers constituant l'élite, bien entendu…

Mais attention ! Cette dangereuse minorité devrait être attentivement surveillée par d'honnêtes gens sensés (il doit bon dieu bien en rester) qui contrôleraient soigneusement leurs amusettes et liquideraient ceux qui en sauraient trop.

Et ceci me rappelle une histoire : j'ai vu un Targui tuer le forgeron noir qui fabriquait les armes de la tribu et qui, comme tous les forgerons africains, était aussi le mage, le médecin et le sorcier.

Lorsque j'ai demandé au Targui pourquoi il avait tué cet homme, il m'a répondu : “Il en savait trop.”

Les plus accomplies des sociétés africaines tiennent les hommes de science dans cet état de dépendance et de ségrégation. Que ne les imite-t-on ? Elles savent que le travail des minerais et des métaux, la science des chiffres et des étoiles portent en germe des développements dangereux pour les sociétés qui ne les jugulent pas.

Le mal vient de ce qu'au lieu de les contrôler et de les juguler, nous leurs donnons les leviers de commande… »

Lorsque j'eus terminé, Baylet, qui écoutait attentivement, me dit d'une voix blanche :

« Et qui places-tu au sommet de cette pyramide ainsi remaniée ?

– Je ne place personne, parce que je m'en fous, mais je vois très bien un brave fermier qui n'aurait jamais souscrit d'abonnement à un journal et aurait été reçu, avec tout juste sa moyenne, au certificat d'études. »

Quand j'eus terminé ma petite mercuriale, mon polytechnicien a disjoint les mains, les a écartées un peu comme les prêtres aux *Oremus* et a dit :

« Ces enfants qui volent pour s'évader du bagne glacé, ces savants qui outrepassent leurs droits, dévorés d'orgueil, subjugués par la seule efficacité technique, tout cela montre que s'est perdu le sens de Dieu… Oui, le sens de Dieu… Tenter de redonner à cette société le sens de Dieu, voilà notre mission, il n'en faut pas douter… Tout rentrera dans l'ordre lorsque les hommes, du manœuvre au savant, auront retrouvé le sens de Dieu… »

Il avait pris sa croix de bois dans la main gauche et la serrait très fort. Je ne l'avais jamais vu dans cet état d'excitation contenue qui ne manquait pas de grandeur.

Tout à coup, il s'est mis à raconter sa vie :

« Je viens de faire une retraite d'un mois, a-t-il commencé, en montrant sa petite croix de bois.

– Prêtre-ouvrier ?

– A peu près, oui. »

En pensant à Anne Maudhuit, j'ai demandé à brûle-pourpoint :

« As-tu fait une promesse ? As-tu prononcé des vœux ?

– Non. Je recevrai les ordres mineurs après six mois de probature et je ne prononcerai mes vœux qu'au diaconat, comme tous les séminaristes, mais, d'ici là, je serai envoyé en usine pendant un an, puis une année entière à Fontenay, en Côte-d'Or, dans une communauté, puis ce sera la fraternité du travail. J'ai demandé à être envoyé comme mineur de fond, à Anzin. »

J'avais promis à Anne une entrevue avec Baylet. L'idée m'est venue de la provoquer le lendemain même. Si quelque chose pouvait encore être fait pour rapprocher ces deux êtres, il fallait le faire sans tarder.

J'ai donc dit à mon vieux Baylet :

« Demain soir, pour fêter ta décision, je t'emmène manger l'omelette espagnole chez un pote. »

Il a hésité, mais j'ai tout de même réussi à le décider en disant :

« Mon vieux, quand on veut être prêtre-ouvrier, il faut s'habituer à fréquenter un peu tous les milieux. Jésus n'est pas allé chercher ses douze copains dans les riches villas de Génésareth, hein ? Il a racolé des ravaudeurs de filets, des traîne-savates, des chercheurs de poux ! »

Il a cédé, en riant, gentiment.

Lâchement, j'avais invité Anne Maudhuit, sans le dire à Robert Baylet, on s'en doute. Elle est arrivée comme nous venions de nous installer dans le petit restaurant convenu.

Lorsqu'il l'a vue, il a rougi et m'a dit entre ses dents :

« Tu l'avais invitée ? Tu n'es pas chic !

– Si tu veux imiter Jésus, mon vieux, faudra t'entourer de femmes. La Samaritaine, la femme adultère, la… »

Anne s'approchait de nous.

« Continuez votre conversation qui semble très animée, dit-elle, enjouée.

– J'expliquais à Robert que Jésus était un homme à femmes.

– Oh !

– … Parfaitement, la Samaritaine, la femme adultère et celle qui a vidé une outre de parfum sur ses pieds, et dont il a dit, entre parenthèses, qu'elle avait raison… et surtout Marthe et Marie… Car enfin rien n'interdit de penser que la petite Marie, qui se défilait pour ne pas faire la vaisselle et venir flirter avec lui, avait un petit béguin… »

Robert s'était redressé, pâle comme savent être pâles les Catalans, les dents serrées :

« Jefkins ! Il s'est refusé les joies du mariage !

– Parce qu'on l'a tué avant qu'il ait eu le temps de…

– Non. Sa mission lui interdisait d'entraîner une famille avec lui dans le sacrifice…

– Conclusion trop hâtive. Il fut le meilleur des fils, le plus doux des amis, il n'a malheureusement pas eu le temps d'être le modèle des époux et le parangon des pères. Et ça lui manque.

– Tais-toi. En ces choses surtout, tu ne peux pas discuter. »

J'ai pris un air très sérieux pour dire :

« J'ai souvent pensé qu'il y aurait une tentative à faire pour "rechristianiser les masses", si tant est qu'elles furent jamais christianisées… »

Anne se pencha, étonnée :

« Laquelle, monsieur Jefkins ?

– Les apôtres iraient par couples, enseigner toutes les nations, s'efforceraient d'être des amants exemplaires, feraient de beaux enfants…

– C'est l'apostolat laïque ! Ça existe ! dit-elle en éclatant d'un rire faux.

– Je le sais pardieu bien et je me demande ce qui vous retient, vous deux, de vous donner de bons gros baisers sur la bouche, de passer vos nuits l'un dans l'haleine de l'autre, pour l'amour de Dieu ? »

Je me suis levé pour aller discuter le coup à la cuisine et faire marcher trois bouillabaisses. Le patron m'a fait goûter deux ou trois sortes de rancios.

Lorsque je suis revenu, Baylet était parti et Anne pleurait sans mot dire.

En lui tapotant l'épaule, j'ai tenté de la consoler :

« Annette, je viens de vous rendre un fichu service : ou bien il va, de ce pas, vous demander en mariage, ou bien vous ne le revoyez plus jamais. De toutes façons, vous êtes fixée, ma petite fille. Vous ne pouvez plus durer comme ça. Vos humeurs s'exaspèrent, vos charmes se mettent à fermenter… »

On servait les amuse-gueule avec le fameux rancio sec. Elle en a bu un grand verre, d'un coup et s'est mise à décortiquer de petites saucisses corses, aussi puissantes que minuscules. Je lui ai raconté qu'on les faisait dans des boyaux de chouette en chaleur. Elle s'est mise à rire et à crier de dégoût. Elle était belle à dévorer.

Un peu avant la bouillabaisse, elle a eu un petit remords, m'a regardé et m'a demandé avec tendresse :

« Jefkins ?… Reviendra-t-il ? »

J'ai répondu :

« A mon avis : non. C'est un orgueilleux. Il veut catéchiser le monde, le redresser, l'améliorer. Il se sent appelé. C'est la pire des races. Il dit : l'instinct ? le sexe ? la jeunesse ? le désir ? Connais pas ! L'univers tourne, mais moi je suis une étoile qui ne tourne pas. Annette, une étoile qui ne tourne pas, pfft, elle tombe et on ne la revoit plus jamais ! »

Mon discours était pourtant plein de gravité, en dépit des apparences, mais elle a éclaté d'un si beau rire que ses seins en tremblotèrent comme un *custard-pie* bien ferme.

A la pintade, que mon pote avait accompagnée de je ne sais quel vin italien, elle dut dégrafer sa robe. Ses épaules étaient en feu. Pour me parler, elle posa sa main sur mon avant-bras : elle brûlait comme un tison… Ses petits boutons, autant d'ardeurs refoulées, disparaissaient comme par enchantement.

Au champagne, elle m'a pris par le cou, la tête à l'envers, et elle m'a donné un de ces baisers ! Mon pote qui guettait ça m'a dit :

« T'as pas changé. Tu te défends bigrement bien. »

Je lui ai laissé croire. Il n'aurait pas compris que ce baiser-là n'était pas pour moi.

Je l'ai ramenée coucher chez Toto. Robert Baylet y dormait déjà du sommeil opiniâtre du grand inquisiteur et rêvait à des conversions massives de technocrates distingués entre deux rangées de robots processionnaires.

On l'a étendue où on a pu. J'ai dormi par terre. Au matin, lorsque nous nous sommes éveillés, Robert Baylet avait disparu. Anne s'est habillée à la diable et s'est enfuie, en courant, comme une folle.

Voilà comment se quittèrent Anne Maudhuit, cheftaine de scouts, et Robert Baylet, polytechnicien, devenu prêtre-ouvrier pour redonner au monde industriel et scientifique le sens de Dieu.

Tous ces événements me mirent si bien en verve que je terminai mon manuscrit en quelques jours. C'était un tissu de lieux communs truffés de clichés et de pétitions de principe. Tout ce qu'aime le peuple le plus intelligent du monde.

Huit jours plus tard je corrigeais les copies, je donnais mon bon à tirer, et paraissait en librairie « le témoignage hallucinant (disait la bande) le plus hardi du siècle ».

Et la vente commença.

J'avais tous les jours la visite de gens de la police. Deux procès, en effet, s'instruisaient patiemment dans l'ombre. D'abord le mien et ensuite celui du jeune Marcel.

L'inspecteur qui s'occupait du « jeune délinquant » était, bien entendu, un spécialiste. Je l'ai tout de suite mis à son aise en lui disant :

« Marcel n'est pas un délinquant.

– Il a pourtant attaqué un camion postal et volé un scooter !

– C'est secondaire. Il a voulu échapper à son avenir concentrationnaire et il a fait ce que les adultes, matés, n'osent plus faire : il a pris ses risques. C'est un héros. »

L'inspecteur m'a regardé effaré, puis, simplement :

« C'est une façon de voir… »

Puis il m'a raconté sa vie : sa vie de diplômé, sa vie de statisticien-légiste.

« Je suis un ancien scout. Je crois en Dieu, en la France et en l'Eglise… et en l'homme, par-dessus le marché. J'ai voulu devenir magistrat pour enfants…

Je croyais tout bêtement que l'enfant qui faisait un hold-up était un voyou, un dégénéré, une victime surtout de la misère, du taudis. J'ai découpé Paris en tranches et je l'ai regardé à la loupe.

Et savez-vous où j'ai trouvé le plus d'enfants délinquants, proportionnellement à la population, bien entendu ? Dans les H.B.M.[1] ! Dans les beaux blocs modernes où on leur a donné le gaz, l'électricité, la salle d'eau et tout… ou à peu près tout. J'ai généralisé mes recherches. Mêmes résultats partout. »

Moi, je buvais du petit lait, on s'en doute.

« C'est normal, ai-je dit.

– Mais pourtant, c'est contraire à tous les espoirs ; à toutes les conclusions des études sociologiques…

– Le sociologue est un scientifique, donc une andouille aveugle.

– Pourtant… cet effort pour améliorer le sort des masses, pour leur donner des foyers sains et rationnels… ça existe…

– L'homme n'a besoin ni d'hygiène, ni de raison. Il a *besoin de sa liberté* ! Vous entendez ? Sa liberté anarchique, sa seule hygiène. Le collectif l'épouvante. Aussitôt qu'on l'entasse, il réagit, même si l'entassement est luxueux. Les enfants, plongés, bruts de fonderie, dans cet enfer rationnel et collectif, tendent à s'en évader, à tous les niveaux sociaux. Ils étouffent… Plutôt l'aventure, même douteuse, que cette existence que leur propose le planificateur.

Vous dites que jamais les jeunes délinquants ne furent si nombreux. C'est peut-être parce qu'ils n'ont jamais si bien senti que le salut de l'individu est dans le refus de ce colossal et scientifique scandale ! Sans doute les procédés de ces jeunes sont-ils

1. Habitation bon marché.

scabreux et suspects. Ce sont les moyens du bord. Ils copient les Zorros et les Supermen parce qu'ils ne connaissent que cela. Ce ne sont là que de piètres moyens, mais leur but est grand, leur but est pur. L'énorme population des maisons de redressement nous crie, par la voix déchirante des adolescents : "Casse-cou ! Nous avons été élevés à la crèche-prison où nous avons joué au pigeon-vole-de-service et à la ronde-obligatoire. On nous a astreints à la tétée-sociale et au baiser maternel-par-intérim, au boulier-compteur-égalitaire, au touche-pipi-éducatif-et-social, aux vacances-caporalisées, à l'école-prison, à l'orientation scolaire automatique et au filtrage professionnel psycho-scientifique pour nous vouer enfin à l'atelier-prison, à l'usine-prison, au laboratoire-prison ? Nous en avons marre !" Et ils ont réglé, à leur façon, le problème de l'individu devant le monstre social et la bête technocrate : ils refusent. Ils attaquent le fourgon postal, grâce à quoi ils auront les deux millions qui leur manquent pour retrouver l'herbe autorisée, l'oxygène gratuit et le jeu de la loi, vitale, du plus fort ! Ils oublient, certes, de prendre les précautions élémentaires, mais Marcel, puisque c'est lui qui nous intéresse, a courageusement voulu sauver sa dignité. Je lui reproche simplement d'avoir employé des moyens inadéquats.

– Vous souhaiteriez qu'il ait réussi ? demanda le magistrat.

– Oui, ai-je répondu.

– Vous croyez qu'il récidivera ?

– Ça dépend de son courage et de sa vitalité. »

Sur mon journal, après cette conversation :

« … Marcel, je peux bien l'écrire ce soir, puisque j'ai bu les trois apéros bien parisiens de la fatigue, de l'ennui et de la solitude, tu es, pour toujours, un homme heureux : désormais, que l'on t'incarcère dans le cachot le plus profond, que l'on t'embrigade dans je ne sais quelle campagne de redressement, de rénovation, de conquête ou de salut, que l'on te brime, que l'on te brise, tu sais que la liberté existe, puisque, pendant quelques heures tu l'as vue, nue, et tu l'as possédée !

Ce souvenir illuminera ta vie. Il te conduira à travers les hauts murs des cités méthodiques, vertueuses et aseptisées. »

C'est à partir de ce moment que les choses devaient se précipiter.

Si, pendant un mois, en effet, mon journal intime est muet, c'est qu'un jour, à dix heures du matin, j'ai été poignardé, en pleine rue, par un Nord-Africain.

C'était certainement la vendetta de Rahal ben Tahar. J'aurais dû m'en douter. Mais quoi ? Il faudrait toujours être sur le qui-vive ?

Cela s'est passé au coin de la rue d'Alésia en sortant des chèques postaux. J'ai eu droit à huit centimètres de lame dans le gras de l'omoplate gauche. Huit centimètres seulement, l'agresseur ayant probablement glissé sur une peau de banane. Le bobo n'était pas grand, mais j'ai saigné comme un bœuf.

Les toubibs, qui ont le diagnostic et l'ordonnance faciles depuis l'invention des Assurances sociales, ont décrété qu'il fallait me faire une T.S.

Je ne savais pas ce que c'était qu'une T.S. mais lorsque j'ai vu arriver, sur roulettes, le bocal, les tuyaux, les seringues, j'ai compris qu'une T.S. c'était une transfusion sanguine et j'ai commencé à m'agiter. J'ai relevé les draps et, mettant mes guiboles hors du lit, j'ai pris mes dispositions pour quitter la clinique. Une escouade d'infirmiers est venue pour retenir d'office cet insoumis dans les mains respectables de la médecine… Il y a eu une petite bagarre au terme de laquelle j'ai crié au scandale.

Le toubib est venu.

« Alors, m'a-t-il dit, on n'est pas raisonnable ? On veut faire une hémorragie ?

– Je suis parfaitement raisonnable et je ferai l'hémorragie qui me plaira ! Je refuse la T.S.

– Mais, mon cher, vous êtes saigné comme un poulet !

– Et alors ? »

Il a fait signe aux infirmiers et s'est apprêté à m'enfoncer sa seringue dans la veine. Je me suis alors dressé sur mon lit et j'ai pris une telle attitude que le médecin s'est écrié :

« Allons, soyons sérieux ! J'ai une T.S. à vous faire. Ne me faites pas perdre mon temps.

– Puisque je vous dis que je refuse ! ai-je hurlé. Ai-je le droit, oui ou non, de refuser qu'on me flanque dans la peau le sang de n'importe quel tondu que je ne connais même pas ? Imaginez que l'on me refile le raisiné d'un aviateur de bombardement ou celui d'un mathématicien ! Vous n'avez pas plus le droit de me maintenir en vie contre mon gré qu'un officier n'a celui de me faire combattre.

– Si vous continuez à vous agiter comme ça, vous sortirez d'ici les pieds devant, et sans tarder !

– Je mourrai le jour de ma mort, toubib, et tu ne connais pas mieux que moi la date de cet événement unique et définitif. »

Bref, on ne m'a pas fait de T.S. Mon sang s'est refabriqué tout seul, comme tout le monde l'avait prévu dès le début, même le médecin, et j'ai quitté bien vite cette clinique où l'on voulait m'injecter je ne sais quelle drogue encore.

Je sais bien que l'homme résiste à tout, même à la médecine, mais encore ne faut-il pas exagérer…

Après coup, j'ai pensé en riant à cette histoire de transfusion. C'est encore une de ces pirouettes dont j'ai la manie, Dieu seul sait pourquoi.

En vérité, j'ai peur des « autres ».

Je n'ai confiance en personne.

Je n'ai confiance qu'en ma seule vitalité et en mon instinct de conservation, qui en est la mystérieuse émanation.

Chaque fois qu'il s'agit de décider du sort d'une parcelle de mon corps ou d'une bulle de mon âme, je remets tout en question, aussi bien la compétence de Pasteur ou de Calmette que celle du général Gamelin ou du cardinal Feltin ou de l'Institut Pasteur.

Je suis, comme chacun, le seul exemplaire d'une race unique dont je suis exclusivement chargé d'assurer la conservation et d'assumer le destin.

Je n'ai pas de semblable.

D'un coup de surin, le cousin de Rahal ben Tahar a modifié bien des choses. Qu'on me suive bien :

On a revu, grâce à lui, ma binette dans les journaux. On a parlé de moi. On a rappelé l'affaire Rahal ben Tahar, et le colonel Maudhuit, qui est peut-être un piètre officier, mais à coup sûr un excellent agent littéraire, n'a pas perdu son temps. A peine le couteau était-il planté entre mes deux épaules qu'il harcelait les journaux, donnait une conférence de presse, faisait une réédition de mon petit bouquin *Pourquoi j'ai tué Rahal ben Tahar*, qui devenait *Le poignard de Rahal ben Tahar* et lançait ça sous une bande, rouge naturellement, qui disait : « L'affaire criminelle la plus curieuse du siècle. » Puis il me demanda un nouveau manuscrit : *Les impressions d'un assassiné*. En dix jours, il fut écrit, imprimé et broché. Dans le mois, on en vendit trente-huit mille.

C'est alors que les événements se précipitèrent :

Le 15 février, je touche un chèque de quatre cent mille francs sur mes droits d'auteur, de quoi racheter chevaux et vaches.

Le 16, j'appelle ma Louisette à Paris. Faute d'argent, elle se mourait d'inquiétude à la Perrière alors qu'elle me savait à la clinique.

Le 17, elle arrive à Paris avec les deux petits. Elle est reçue chez les Maudhuit qui lui offrent l'hospitalité. Anne l'accueille gentiment et devient folle des enfants. Maudhuit, très homme du monde, nous traite princièrement. L'éditeur est là. Champagne. On boit à mon complet rétablissement et à mes futurs succès.

Les gosses jouent sur les tapis de Boukhara avec Anne complètement transformée par mes deux petits sauvages. Elle propose à Louisette de l'emmener dans les magasins pour y choisir une garde-robe décente. Il faut avouer que ma femme, avec ses vêtements du dimanche achetés au bazar de Migny, est ridicule. Que n'a-t-elle conservé son foulard noué, son caraco mangé de pluie et de soleil et ses sabots !

Nous voilà donc partis dans ce Paris qu'elle voit pour la première fois. Le spectacle de la rue la rend comme folle. Le bruit surtout. Elle serre ma main comme si elle voulait la briser. Tout ce tohu-bohu la déprime, l'ahurit, elle qui n'a jamais quitté ses friches et ses bois.

Et c'est alors que se produit l'événement :

En traversant la rue Saint-Lazare, elle lâche tout à coup ma main au moment où un paquet de voitures semble se jeter sur nous. Elle recule, est menacée par un flot de voitures qui vient dans l'autre direction, puis fait un bond en avant, voulant protéger les enfants. Des freins grincent. Elle tombe.

Un grand cri.

C'est un taxi jaune qui l'a renversée. Les enfants se sont rejetés en arrière. Le taxi jaune a voulu les éviter mais il est allé écraser la mère. Sous mes yeux.

Sa tête est broyée entre deux pare-chocs.

Ma Louisette est là, morte, devant le 28 de la rue Saint-Lazare et son sang sauvage coule sur le bitume gras et luisant.

J'ai sorti, je ne sais comment, un des chauffeurs de sa voiture et je le roue de coups. Il essaie de parer, mais je le règle en moins de rien.

On m'entoure. On essaie de me maîtriser, mais je démolirais une armée de cosaques ; au milieu de la rue je me démène et je fais le vide autour de moi…

Lorsque je suis revenu à moi, j'étais dans un lit, dans une clinique.

A mon réveil, Anne était près de moi et Robert Baylet, la mèche sur l'œil, faisait les cent pas au pied du lit. Je ne me souvenais de rien.

Je suis resté ainsi les yeux ouverts, l'esprit vide pendant quarante-huit heures. J'ai vu entrer et sortir le colonel, Anne, Baylet. Ils glissaient comme dans un songe, sans se dire un mot. Anne et Robert évitaient de se regarder.

Enfin, un matin, j'ai eu envie de chanter le grand air d'*Aïda* et je me suis mis à raconter par le menu la fête de l'Acrusado ainsi que la légende de la femme et du lama blanc. Baylet qui égrenait son chapelet, allait et venait en marmottant. Je l'ai prié de cesser ce manège d'hyène prisonnière. Il a pris la porte et il est parti.

J'ai tendu la main.

Anne y a posé la sienne. Je l'ai regardée : elle pleurait doucement.

Lorsque je reprends conscience, je suis aux côtés d'un chariot chargé de meubles et de cages à poules, de matelas, de caisses et d'instruments aratoires, le long d'une route montante.

Je sifflote, le fouet au cou, les mains dans les poches. C'est mars. Le vent d'est siffle sur les friches des sommets.

Le ciel claque de lumière. C'est comme le premier jour de ma vie.

Sur mon chariot, maman Fine est juchée sur la literie. Sur la bréarde qui suit, conduite par le père Féli, la vieille mémère dit son chapelet, et enfin, fermant la marche, le char à bancs, surchargé, est conduit par le pépère.

Notre caravane s'élève lentement sur le versant. La route qu'elle suit est une de celles qui, partant du ravin de l'Ouche, montent sur les monts de Bourgogne, vers les âpres solitudes de l'Arrière-Côte. C'est une route blanche, belle comme une vierge. Elle prend les bosses franchement, de face, à l'ancienne mode. De fameux chevaux qu'il faut pour monter là !

Les essieux grincent. On claque du fouet. Ça résonne au loin et tout notre attirail, tout ce qu'ils nous ont laissé, se trouve transporté dans cette procession où les parfums de sueur servent d'encens.

J'ai pris la tête des chevaux. Je marche en roulant des épaules et les chevaux me suivent, leur chanfrein dans mon dos. Je sens leur haleine.

Les eaux de l'hiver, claires et froides, pareilles à des yeux d'Allemand, dévalent les pentes en culbutant les cailloux entre les gâteaux de mousse juteuse d'où sortent des pousses d'oseille sauvage, pointues et rouges comme des vits de roquets.

On monte.

Par endroits, le chemin n'est qu'un grand escalier de roches plates, usées, veinées de rose et de gris-bleu. Voilà qu'il tourne d'un seul coup et coupe en deux un bois de pins noirs. Sorti de là, il domine une houle de croupes sombres où brillent des eaux vives, dans les profondeurs.

On a envie de chanter. On chante. Personne ici pour vous le reprocher.

Le père Féli, du haut de son siège, me crie :

« Passé la futaie, tu prends à main droite. Un chemin de desserte ! »

Et nous repartons. Les merles, le bec en or, filent sous les broussailles et le chant des essieux éclate dans le silence. Les roues s'enfoncent jusqu'au moyeu dans des fondrières tapissées de neige dure et le bois chante au vent. Nous nous enfonçons maintenant dans un grand roncier et j'entends le pépère Joseph qui, loin derrière, peste contre son cheval. On l'attend ; il revient à grands coups de gueule, à grands coups de fouet.

La voie que l'on suit est un très vieux chemin. Il a dû servir jadis ; on voit ici ou là ce qui reste de la plate-forme. Je suis obligé de monter sur mon siège pour me diriger. De là-haut, je vois, par-dessus les pousses, des lointains perdus, des immensités de taillis à charbonnette, et, par des saignées où coule un ru, j'ai des échappées en contrebas sur des combes solitaires.

Le père Féli est là chez lui. Il dirige la marche, engage la caravane à gauche, puis à droite. On roule maintenant droit devant nous. Le chemin a disparu.

Voilà trois heures que nous avons quitté le chemin. Nous débouchons sur une immense friche. Mais est-ce bien une friche ? La forêt s'arrête net, comme coupée au couteau. On croit lire encore des sillons et des ronces, des yèbles sèches indiquent qu'il y eut là des cultures. Un parfum de travail humain semble être resté accroché aux épines.

Le père Féli paraît sourire.

Nous traversons ces terres abandonnées et, d'un seul coup, dans l'étroit goulet qui ferme une petite vallée, un creux où, tout de suite, nous trouvons les maisons.

Il y a là, sous les énormes touffes de cornouillers en fleur, une sorte de hameau silencieux et vide. Deux granges à demi éventrées, deux corps de bâtiments assez confus, des écuries béantes avec des broussailles dans les fenêtres crevées.

En contrebas : ce qui fut le verger. Une sorte de maquis formé par les rejets des pruniers d'Ente et des pommiers, drus comme des poils de brosse.

Par-dessus tout, le silence, le grand silence du désert français où, dans la désolation des terres retournées à la sauvagerie, des maisons sont dévorées, encore vivantes, par la forêt qui les digère avec une lenteur monstrueuse, parmi les chants des oiseaux.

Il y a là tout ce qui fut un village d'hommes : un lavoir, une aire à battre, un four, un bûcher, des abreuvoirs que l'humus envahissant submerge avec délices.

C'est là qu'a vécu la grand-mère du poinçonneur de métro ou le grand-père du mécanographe et la grand-tante de la dactylo. C'est peut-être dans cette cheminée de pierre sculptée, maintenant glacée, qu'ont été mijotés les salmis et les civets de son baptême. Leurs fantômes sont là, étendus au soleil sur les pierres de taille des seuils, parmi les lézards.

Le père Féli a arrêté son chariot dans les bardanes, il est descendu de son siège. Le voilà qui se dirige vers une porte close. Il s'arc-boute, pousse le vantail de l'épaule et la porte, qui au fond n'attendait que cela, s'ouvre sur la grande salle dallée.

Il se retourne et dit, l'œil brillant :

« Pas plus difficile que ça. On n'a qu'à pousser ! »

Une bouffée de parfums s'échappe par cette porte enfin ouverte : plâtre humide, solitude, ténèbres. Un loir grimpe au mur et disparaît. La cendre volette au courant d'air.

Maman Fine est entrée. Les volets claquent sur la façade et le soleil saute par-dessus la rambarde. Tout change. On peut lire des inscriptions gravées dans le plâtre. Une lame de faux finit de rouiller, glissée sous un chevron.

Le pépère Joseph prend tout à coup la maman Fine par la taille et esquisse un pas de valse en criant :

« Fine ! Fine ! Tu es chez toi. Tout cela est à toi ! Tu n'as qu'à prendre ! Fine ! La France est à qui veut la prendre ! Fine, nous avons retrouvé une Perrière, tu mourras en paix chez toi !

– Mais, Joseph, ces maisons, ces terres ne sont pas à nous !

– Ces maisons, ces terres ne sont à personne ! Et ce ne sont plus des terres. Le cadastre les appelle friches, désormais ! et les maisons ont pris le nom d'"écarts inhabités". Sans nous, le hameau de Fontaine d'Argent serait mort pour tout le monde, sauf pour les chouettes ! »

Et il rit.

Les femmes se sont précipitées vers la chambre à four, leur domaine, leur sanctuaire. Elles en évaluent les possibilités, non sans avoir, avant toutes choses, récité debout, devant l'âtre qui fera vivre hommes et bêtes, une dizaine de chapelets.

Nous avons déchargé les chariots, monté les lits, allumé un grand feu dans la cheminée. Le soleil se couche et déjà un parfum de soupe au lard se mêle à celui des menthes sauvages et des mousses.

En un mois, nous avons réparé le four à pain, récupéré douze mille tuiles sur les bâtiments sacrifiés pour les remettre sur les autres et aménagé sommairement plusieurs salles.

Nous avons ramené de la Perrière le bétail, ce qui restait de matériel, les ruches, la farine et les semences, en empruntant, à chaque fois, un itinéraire différent, pour ne pas laisser de traces et dérouter les curieux.

Les bêtes sont maintenant dans les étables. Nous n'avons pas amené ce qui restait de foin, car l'herbe des friches commence à pousser.

Comme dit Féli : « On part à zéro, c'est le commencement du monde ! »

Le soir, il pleure, au coin du feu, en pensant à notre Louisette. Il l'appelle à voix basse, me prend par le bras et me dit :

« Un jour, on ira dans ton cimetière parisien et on la ramènera en cachette pour l'enterrer ici, dans la friche… Ils n'auront rien de nous, rien ! »

J'ai mis, pour commencer, le feu aux herbes sèches et je me suis brisé de labourage. Les chevaux sont rendus et le parfum de la terre fraîchement remuée s'est mêlé à celui des feux de broussailles.

Le père Féli me relève aux mancherons de la charrue. Il lui arrive d'arrêter son attelage, de prendre la terre dans la main et de rire :

« Elle est belle, hein, la délaissée ? »

Puis, à l'adresse de l'humanité lointaine :

« Bande de cons ! »

Les oiseaux tournoient dans le ciel en grands mouvements vertigineux. Car il y a des oiseaux. Non pas seulement des oiseaux de passe mais les oiseaux sédentaires. Loin des hommes sulfateurs, désinfecteurs, chimiqueurs, enfumeurs, nettoyeurs, les oiseaux peuvent vivre et la nature peut exulter et déployer ses charmes, qu'ils nomment désordre.

Fort heureusement, ici, il y a trente ans que le dernier habitant de la Fontaine d'Argent est parti et tout laisse supposer qu'à part nous et quelques bûcherons, il n'y reviendra jamais personne. Je ne vois pas, en effet, qui pourrait y revenir. Pas même les héritiers. Pour lors, ils sont Dieu sait où. Les contributions n'en connaissent plus que deux, paraît-il.

Ils vont passer vingt jours par an à Trouville, à La Baule ou même au Tyrol ou aux Baléares (billets populaires et « voyages organisés » ou « villages de toile ») alors que ces merveilleuses immensités sont à eux. Deux fois à eux : par leurs pères et par la loi. Bien plus drôle, pour madame, d'aller montrer ses fesses, au moins une fois dans sa vie, sur une plage dont on parle dans les magazines !

C'étaient ces gars-là que je voyais, tous les matins, à six heures, faire le pas de gymnastique à la correspondance Denfert-Rochereau ou Strasbourg-Saint-Denis pour ne pas louper leur chère horloge pointeuse. Ce sont eux qui envoient leurs gosses en colonie de vacances (faut bien qu'ils aient un peu d'oxygène !), alors qu'ici l'oxygène circule à pleins horizons et que les nuages roulent sur « leurs » terres, où coulent leurs eaux libres, à la face du soleil, pour personne.

C'est à mourir de rire !

Ici, plus rien ne subsiste d'eux. Les parcelles sont déclassées. Certaines mêmes n'ont plus de propriétaire. Les mutations s'arrêtent en 1920 ou même en 1900.

Tout cela, qui fut la France, n'est plus que « friches », pour le fisc, et l'on parle du problème du logement, du problème du travail, des crises économiques, que sais-je ? Et l'on achète du mouton en Australie, en Argentine, du vin en Espagne, des fruits aux U.S.A., des pruneaux à la Yougoslavie, alors qu'ici des prunes, redevenues sauvages, mûrissent pour les geais et les sangliers.

La Grande Connerie est consommée.

C'en est fait. Il est trop tard maintenant pour prêcher. On ne peut que monter vivre ici et choisir au mieux parmi ces prodigieux laissés-pour-compte.

Ici la vie est un banquet plantureux et permanent et je suis seul à m'asseoir à la table ! Tant mieux ! J'en aurai meilleure ration !

Tous les matins, à l'aube, je monte sur le tertre pour me repaître d'immensité, de silence et de liberté. Devant moi, une houle de monts réguliers en bourrelets parallèles, bordée de l'écume blanche des petites roches.

Lorsque je vois fumer la cheminée de maman Fine, je rentre boire mon premier café. En réalité, ce n'est pas du café, c'est notre orge que le pépère Joseph grille dans un chaudron.

C'est la coutume, pour les trois hommes, de boire ce breuvage brûlant, debout devant la porte ouverte. C'est l'heure où l'on parle du temps. On distribue vaguement le travail, et il est bien entendu que chacun n'en fera qu'à sa tête. Seule façon d'obtenir du rendement, chez les Celtes.

Le père Féli semble normal. Si, après son acquittement, il a donné des signes d'une grande excitation, il s'est calmé petit à petit. Le président du tribunal l'avait fait interner, mais on l'a renvoyé de l'asile au bout d'un mois, faute de place.

On m'a raconté que, rentré chez lui, il s'était montré très calme et très sensé. Je suis fort heureusement le seul à penser qu'il n'a été fou qu'un instant et qu'il a ensuite simulé la folie pour sauver sa peau.

Toujours est-il qu'il a lui-même fait les démarches pour faire verser aux veuves de ses victimes les dix millions que lui devait la société pétrolière, après quoi, avec sa lucidité et sa perspicacité habituelles, il a combiné, dans le plus grand secret, le départ vers Fontaine d'Argent.

La mort de Louisette l'a abattu, certes, mais il est resté digne et même assez jovial. Il semble que la décision qu'il a prise de faire l'occupation clandestine d'un domaine abandonné lui ait redonné toute sa joie de vivre et effacé son chagrin paternel. Il a organisé avec précision et astuce l'exode et l'occupation des lieux, brouillé ses pistes, assuré ses arrières, en bon braconnier qu'il est.

Je le regarde à la dérobée.

Il y a belle différence entre le Féli que je vois là, engloutissant son café à grand bruit et cherchant des yeux quelque couenne à grignoter, et cet autre Féli que j'ai trouvé à mon retour. Il était affalé comme une bête, refusant de parler. Il est cependant venu à moi. Il m'a pris par les épaules :

« Te voilà, toi, mon petit gars ! »

Et il s'est mis à crier :

« Je ne suis plus qu'un prolétaire ! Et un prolétaire, ce n'est rien ! C'est la proie de la collectivité, l'esclave de l'Etat ! »

Le lendemain, il m'a dit :

« Je veux de la terre. Et j'en aurai. Avec toi qui n'as pas peur, nous irons en prendre là où il y en a. »

Aujourd'hui, il a l'allure d'un renard qui vient de s'installer dans le terrier abandonné d'un blaireau. Il rigole intérieurement, c'est certain. L'éclat de son œil le proclame lorsqu'il est seul et qu'il regarde autour de lui.

Saurai-je jamais dire la joie de retourner cette terre des ancêtres, endormie depuis cinquante ans ?

J'entends encore un de ces oracles de notre siècle de lumières, un technicien, bien entendu, s'écrier, il y a un an : « Le progrès libérera l'homme des tâches serviles pour lui réserver les tâches nobles ! »

Mais piloter un avion supersonique est-il plus noble que conduire une carriole au petit bonheur sur un sentier perdu ? Démonter le pont arrière d'un camion est-il plus noble que ferrer Cocotte ? Surveiller les cadrans du cerveau supersonique est-il plus noble que se curer les dents avec une épine noire convenablement émincée ?

Envoyer des ballons sonde et mesurer les pressions atmosphériques est-il plus noble que piquer un roupillon en attendant la fin de l'averse ? Hanter entre midi et midi vingt-huit la cantine d'établissement est-il plus noble que savourer le casse-croûte que je vais faire tout à l'heure, dans la grande salle, la porte ouverte sur mon labour, les pieds nus et sales écarquillés sous la table, le ventre à l'aise, avec un fromage fait, des œufs durs, un petit côtis froid, deux canons de rouge et un pâté de lièvre, en attendant le repas de midi ?

Le savant au service de l'homme ?

Je vois partout l'homme au service du savant.

L'atome, dernier espoir de l'homme ?

Le dernier espoir de l'homme est ici.

Mais ne le chantons pas si fort. Ils y viendraient.

Il a été convenu avec le colonel Maudhuit qu'il me donnerait, tous les quinze jours, en poste restante, des nouvelles des petits. Car Anne a voulu les garder quelque temps.

« Ça me distraira, m'a-t-elle dit, et ça leur changera les idées. »

Tous les quinze jours, donc, je fais les vingt kilomètres qui me séparent de Sombernon où je touche une lettre, quelquefois deux, écrites par Anne Maudhuit, avec un petit mot du colonel.

A personne je n'ai donné l'adresse de Fontaine d'Argent. C'est à cette condition que nous aurons la paix là-haut et que le percepteur nous ignorera. Car je veux être franc-tireur jusqu'au bout.

Au début Anne, de sa longue écriture, me décrivait par le menu les faits et gestes des gamins, avec tout l'émerveillement dont une vierge est capable. Petit à petit, son style s'est échauffé. Sont-ce les cruelles câlineries de mes enfants qui l'excitent ? Est-ce le souvenir de Robert Baylet qui fermente ? Je ne sais, mais ses missives sont beaucoup plus longues. Quelle âme ! Quel feu ! Il n'est question que de « la Famille », de « l'Enfant », « l'Enfant Couronnement de l'Amour » ! « L'Admiration de la femme pour *son* Homme matérialisée par ces petits êtres » ! Et tout et tout. Rien que des majuscules.

Avec le parfum du papier (on dirait qu'elle l'a conservé quelques semaines entre ses deux seins) et ce je ne sais quoi d'énervé, de pâmé dans la façon même de mettre la date ou l'adresse, et cette signature qui fut « A. Maudhuit », puis « A. M. » puis « Anne Maudhuit », puis « Anne », puis « Annette Maudhuit », puis enfin « Annette » tout court, rester impassible m'est devenu un tour de force.

Elle a joint ensuite des photos. Ce sont des photos de mes petits, mais elle a su se placer ici ou là, en arrière-plan. On ne la voit jamais entière. Tantôt ce sont deux jambes, un début de croupe, tantôt une épaule et un bras avec le morceau de buste correspondant (plus tu en caches et plus on en désire).

Le colonel, lui, ne fait pas de charme. Il m'annonce froidement les rentrées de droits d'auteur et m'informe qu'il les fait verser au compte qu'il m'a fait ouvrir à son adresse, au Crédit Lyonnais. Il ajoute : « Anne est toujours aussi heureuse de s'occuper de Vincent et de Jeannette. Soignez-vous bien. »

Ces lettres sont le seul contact que j'aie avec l'humanité et Anne, c'est visible, cherche à le rendre le plus agréable, le plus consolant possible.

Elle ne me parle jamais de Robert Baylet. Elle a simplement glissé cette phrase : « J'ai appris que Robert est définitivement prêtre-ouvrier à Anzin, comme mineur de fond. »

Elle a ajouté : « Il est heureux, m'a-t-on dit. C'était sa destinée. »

Ce dont elle parle le plus, c'est de mon âme. Elle m'a d'abord informé qu'elle priait beaucoup pour moi. Elle prie pour la réussite de mes livres (elle semble beaucoup tenir à ma carrière littéraire).

Elle prie pour ma santé. C'est peut-être pour cette raison que je me porte aussi bien.

Elle prie pour m'aider à supporter ma douleur. Elle perd son temps. Je n'ai jamais connu de douleur qui ait besoin d'être supportée, la douleur physique exceptée. Je suis ainsi fait : le présent est, pour moi, un monstre puissant qui bouffe tout. L'aventure de la Fontaine d'Argent, avec la fièvre du défrichage, dévore ma vitalité et me procure le seul dialogue qui me soit agréable : le dialogue avec moi-même.

Louisette est partout dans les bois. J'ai rendez-vous avec elle à tous les instants et même si je troussais toutes les filles des villages (en admettant que je descende dans les vallées) elle serait toujours avec moi. On pourrait se scandaliser si l'on me suivait dans mes parcours journaliers, car je chante. Oui, je chante avec joie. Mon scepticisme me conduit au même point que la foi la plus profonde : l'alacrité. Voilà pourquoi les prières d'Anne sont inutiles.

Elle prie cependant, pour le succès de mon « entreprise », comme elle dit.

J'ai écrit à mes petits que les avoines étaient semées, ainsi que les blés de printemps, les seuls que l'on puisse mettre en s'y prenant aussi tard. Anne l'a lu. Sans y comprendre grand-chose, elle s'est enthousiasmée pour ces « tâches admirables », pour le « geste auguste du semeur ».

« C'est beau ce que vous faites, Jefkins, me dit-elle, de faire revivre un village ! »

Toute femme a dans son cœur un Giono qui sommeille !

Je sens bien qu'elle s'excite sur les mots. C'est pourquoi lorsque, ayant manifesté le désir de voir mes enfants à Fontaine d'Argent, je reçus cette réponse :

« "Nous" arrivons ! Je ne prendrai pas la voiture. Venez "nous" attendre à l'autobus. »

Un soir de printemps, je me suis donc rendu sur la route, à l'arrêt de l'autobus et je n'ai pas été tellement surpris de voir Anne Maudhuit descendre du car avec mes deux gamins.

Elle a décidé qu'ils étaient trop jeunes pour venir seuls. En réalité je pense que la curiosité la pousse à venir voir ces villages abandonnés.

Le village abandonné exerce, sur le Français et surtout sur le citadin français, le même attrait que les lieux du crime sur l'assassin.

Elle s'attendait à être étonnée, mais dès le début elle est bouleversée : devant ce chemin raviné qui monte dans les taillis, ces vues plongeantes sur les ravins en fleurs, ces plateaux encore glacés par l'hiver, ces hautaines forêts, elle a le souffle coupé, et lorsque nous entrons dans la grande friche, je la vois se pelotonner dans son manteau et serrer les genoux.

Quand nous débouchons sur nos toits rapiécés et que tout l'horizon de monts nous apparaît, elle ne peut retenir un petit cri de saisissement.

Les juments ont entendu l'attelage arriver, elles viennent au-devant de nous, avec le poulain, pour mordiller Cocotte et c'est au trot que tout cet équipage fait son entrée dans les vieux murs.

Lorsqu'elle voit venir le père Féli, le pépère Joseph, les deux grands-mères, tous ces personnages d'un autre âge, sabotés, fagotés de vieux velours cuirassé de crasse, les mains énormes, noueuses, comme usées par la terre, l'œil émerveillé comme celui des enfants, elle a comme un vertige.

Que pense-t-elle à cet instant, je ne sais, mais elle murmure : « Mon Dieu, est-ce possible ? »

Elle a d'abord à s'habituer au froid et surtout à cette crudité de l'air qui étouffe le citadin aussitôt qu'il dépasse la cote quatre cents, dans un pays forestier. L'oxygène le saoule. Puis, tout de suite, elle a tellement d'occasions de s'exalter que l'acclimatation devient un miracle.

D'abord, on termine les labourages derrière les premières semailles, et puis, pendant que les brebis se mettent à agneler, on tue le cochon, le « cochon de mars », le premier cochon de la Fontaine d'Argent.

C'est par une de ces journées froides du Carême, avec le vent nord-est, comme il se doit. (« Pour tuer ton porc, attends le nord. »)

Pendant que le grand feu de paille tord ses flammes dans la cour et que le sang coule dans les bassines, il faut courir à la bergerie où les bêtes en gésine dilatent leurs narines de faunes et exhalent leur joie maternelle à grands coups de souffle chaud.

Mort, vie, boudin, soleil mat, vent glacé, pièces de venaison étalées sur des linges blancs, agneaux gluants, cris. De quoi enivrer de joie n'importe qui, même un major de Polytechnique.

Nous suons, nous grinçons des dents, nous buvons, nous ripaillons, nous taillons la chair encore chaude, lavons et flambons le saloir avec de l'eau-de-vie du pépère Joseph, nous rinçons les boyaux, hachons les oignons, désinfectons les nouveau-nés, enterrons les placentas, buvons et mangeons encore, puis, au crépuscule, nous allumons les falots, nous mangeons chacun un mètre de boudin chaud sortant du pot, en poussant des cris de sauvages, lapant un verre au passage, quittant le fourneau ou le couperet pour aller s'accroupir dans la paille et délivrer une mère en difficulté, guidés par un pépère Joseph au sommet de sa gloire, trônant, comme Dieu le Père dans ses nuages, sur les toisons des bêtes silencieuses.

Anne Maudhuit, qui a d'abord refusé de voir « se commettre le crime » (celui du cochon) est la première à se régaler la vue devant les tablées de cochonnailles étalées. Elle se met aux fourneaux où mijote la noire sauce de gruillotte, où le foie et les poumons, les rognons et la rate, communient dans l'onctueuse opulence d'un civet. De là, elle court à la bergerie où elle assiste une brebis, puis passant par la cour, où, au clair de lune, je rince, à grands seaux d'eau, les bassines, elle vient à moi.

Ses pommettes sont rouges, mais rouges de vie et non de fard. Ses yeux brillent. Elle me regarde et, bravement :

« Jefkins, je vous comprends. J'ai tout compris ! »

Elle me confesse sa joie et son étonnement. Son étonnement surtout. Elle ne se doutait pas. Bien sûr. Personne ne se doute. Le tourneur-décolleteur non plus, ne se doute de rien. Le mécanographe non plus. On les tient dans l'ignorance de ces choses…

Je quitte mes bassines et je l'emmène faire un tour au clair de lune. Les toits solitaires brillent. Un renard glapit. Je dis à Anne :

« Entendez-vous ? Le mâle chasse. Il suit un lièvre et glapit pour renseigner sa femelle qui, tapie près d'une coulée, attend que son mâle lui rabatte la proie. »

La lumière de la lune vibre au-dessus des grandes forêts où des branches, ici ou là, brillent comme des serpents.

Le lendemain, le mortier du four étant sec, nous faisons le pain. Première fournée à Fontaine d'Argent. Une fête.

On fait huit miches de quatre livres, six tartes, des gougères et des corniottes.

Pendant que la fournée cuisait, on garnissait le saloir. Saler un cochon n'est pas une petite affaire, enfourner et défourner non plus.

Anne nous a regardés faire la pâte, doser le sel, trousser les jambons, gestes pourtant élémentaires, comme si elle avait vu agir des Martiens. Avec son agrégation de droit, sa licence de lettres et ses journaux, que savait-elle ? Rien, comme la plupart de ces gens qui lisent continuellement pour « se tenir au courant », qu'ils disent, qui connaissent la formule du polyvinyle et le nom du président du Conseil et qui crèveraient de faim à côté d'un troupeau de gorets.

Le père Féli est tombé sur une liasse de journaux que notre Parisienne traînait avec elle. Il a jeté un coup d'œil et il ne lui a pas fallu plus de cinq minutes pour prendre une congestion. Il est venu à moi : « Lis ça, lis… lis… lis ces couenneries ! »

Et je lis à haute voix :

« … *Une nouvelle machine va permettre de moissonner, battre et moudre le grain. A la place des gerbes de jadis ce seront des sacs de farine qui tomberont sur le terrain.*

Jusqu'à maintenant, ce travail était exécuté par vingt spécialistes, alors que cette machine n'est conduite que par un seul homme. »

Féli éclate de rire et ajoute :

« Je suppose que les dix-neuf autres fabriqueront la machine ! dans une usine !… Dix-neuf hommes gagnés pour l'usine ! Voilà une belle victoire ! Pas vrai, Jefkins ? »

Il conclut :

« Bande de corniauds ! »

Mais tout à coup Féli se lève. Il est pâle. Il nous fait signe de nous taire et avance vers la porte en tendant l'oreille. En fait, on entend un moteur. En un instant tout le monde est dans la cour, le cou tendu, comme les habitants de Pompéi aux premiers grondements du Vésuve.

Anne, c'est très curieux, n'est pas la moins anxieuse. Il y a cinq jours qu'elle est là et déjà elle a le réflexe. Le grondement s'accentue. Elle monte avec moi sur le tertre. Nous regardons dans la friche, puis vers l'orée du bois, les deux seuls endroits par où pourrait déboucher l'intrus. On ne voit rien.

Le ronronnement se précise et Anne montre un point brillant, bien plus haut que les stratus effilés qui transpercent le ciel comme des lances.

Ce n'était qu'un avion. Dangereuse engeance aussi, bien sûr, mais pas pour nous, cette fois-ci.

L'avion est passé. Il ne reste dans l'air qu'un couple de grandes buses qui tournent au-dessus du hêtre foudroyé.

D'où nous sommes, Anne et moi, nous voyons les deux petits jouer sur le brabant : Jeannette est le cheval, Vincent est aux mancherons et crie :

« Allez Marceau !… Si tu continues, je vais te botter le cul, moi ! Allez, bordel de milliard de dieux ! » (En Bourgogne, on n'y regarde pas à un bon dieu près.)

Anne part d'un rire clair :

« Il jurait comme ça dans le salon, à Paris et attelait sa sœur aux fauteuils renversés. Mon père disait : c'est bien le fils de son père ! »

Anne rit encore. Je me tais. Elle continue :

« Mon père vous admire beaucoup. Il répète sans cesse : il est courageux, il est droit, il est lucide… »

Je ne réponds rien. Nous redescendons en courant vers les maisons. Le vent m'amène le parfum, le vrai bon parfum, *sui generis*, d'Anne qui ne se farde plus depuis qu'elle est ici. Puis nous décidons tout de suite, comme ça, à l'unanimité, de ne plus rien faire de la journée. Histoire de relever notre niveau de vie.

Je suis resté un bon moment étendu dans la paille, le peu de paille que nous avons pu amener et, tout en sculptant un morceau de bois, je pense à des tas de choses.

Je pense surtout aux réflexions d'Anne Maudhuit : « Mon

père vous admire beaucoup… Ce que vous faites là est extraordinaire… Et ces sculptures !… Jefkins, savez-vous qu'elles sont étonnantes, vos sculptures ? » Et autres flatteries dont je sens le sirop s'insinuer dans tout mon être et jusque dans mon cœur.

Elle est gentille à croquer. Tentante même, et je pense : si j'avais vingt-trois ans, elle n'y couperait pas. Mais je sais trop de choses, j'ai trop vu. Je prends donc mon fusil et je vais faire les bordures.

Je me défile adroitement derrière les chardons secs qui forment les chevaux de frise de notre forteresse. Pour me défiler, je n'en crains pas un, on peut me faire confiance, mais une femme en chasse, c'est plus fin qu'un garde-forestier. Elle m'a vu, et je n'ai pas encore passé le gué du lavoir qu'elle m'a rejoint.

Ce sont les derniers grands froids de mars qui, ici, sont cruels. Les nuées, roulées par le vent d'est, éclatent en flocons, au passage, sur les crêtes, puis tout à coup se déchirent sur l'arbre foudroyé et le clair soleil balaie tout de sa lumière crue.

La poudrée de neige transparaît alors à travers les branchages et brille.

Nous voici à l'orée du bois.

« J'aimerais tant vous voir chasser ! » dit Anne.

Je lui réponds :

« Votre parfum et votre caquet nous précéderont d'une lieue. Déjà tout le secteur est prévenu que deux êtres humains ont mis le pied dans le taillis. Si vous voulez me suivre ne dites pas un mot et prenez exactement ma trace. »

Elle emboîte le pas.

Nous traversons des coupes anciennes. Sur les hauts et sur les versants nord, la mousse craque sous nos pas. Dans les creux, au contraire, le sol est onctueux comme un savarin. Des scilles à deux feuilles partout.

En une heure, nous passons ainsi d'hiver en été, de printemps en automne, de nuit en jour, dans ce fantastique tohu-bohu de l'équinoxe de printemps qui est comme la puberté de l'année.

La plupart du temps, l'horizon se dégage, beau à crier, illuminé de luisances et secoué d'élans printaniers, et, tout à coup, c'est la tourmente de neige et d'inquiétude, les ténèbres et le doute.

Anne se tait.

Il faut chercher le gibier sur les versants ouest ou sud, dans les couverts, à l'abri. On marche. Une bécasse se lève, en fracassant, et file, les ailes en accent circonflexe.

Mais, en traversant un bourbier, je vois un pied de sanglier, bien gravé dans la terre molle. Il traverse les joncs, grimpe la rocaille, rentre dans les forts. Je le suis en le montrant à Anne dont la figure se transforme.

Il nous entraîne dans les gros buis noirs des sommets. Le pied est tout frais. La bête est rentrée au lever du soleil, en trottinant, s'est roulée dans la boue de la mouille (on voit des branches maculées sur son passage) et rentre bien tranquillement se bauger dans le massif. Elle doit alors nous entendre déjà et se mettre sur pied.

Nous avançons dans une épine terrible, mon fusil au cran, ma casquette rabattue sur les oreilles. Anne est déjà en loques mais elle suit bravement. Tu voulais voir de la chasse, mignonne, tu vas être servie !

Un nuage, noir comme l'enfer, change le décor, puis c'est la rafale. On avance pourtant, les yeux au sol.

A dix mètres, un buis, large comme une maison, ressemble, dans la tourmente, à une tente bédouine un jour de chergui.

Tout à coup, dans ce branchis noir, un beau ragot sort, en bombe, et file par le travers. Ma chance ! Toujours ma chance de chasse ! Oui, je suis bien l'homme de ces pays perdus, l'enfant chéri des nymphes.

Anne l'a vu. Il se dérobe, de son galop roulant. J'envoie mon coup droit à travers la ramée. Il tombe et se met à hurler comme goret en abattoir. J'avance. On voit sa masse s'agiter de petits spasmes et sa voix perçante gargouille dans le sang. Il en a et ne mérite pas une autre balle. Je le sers au couteau.

C'est un mâle de cent vingt livres. Il se dégage de son corps chaud un fumet qui me saoule aussi sûrement que du porto. D'ailleurs, c'est le même parfum.

Anne regarde cette bête, ses petits yeux malins, ses sabots, son petit toupet de queue. La jeune fille a de belles pommettes rouges. Je lui dis :

« Voilà la vie, Anne. Vous comprenez pourquoi je n'admire ni leur course à l'énergie, ni leurs barrages, ni leur pétrole, ni leurs cerveaux électroniques, ni leurs cités ouvrières, même radieuses… »

Elle voit bien que je suis exalté (je le suis par le vent, par la traque, les hasards, les égratignures, le coup de feu, le coup de couteau, la bête étendue et son sang bien noir). Elle dit :

« Je vous comprends, Jefkins. C'est magnifique. Je comprends la mitrailleuse de Féli et je sais maintenant que ce n'était pas un fou. Je comprends votre désarroi dans les usines… »

C'est alors que j'ai fait la bêtise de ma vie : je l'ai retournée sur le ventre du cochon, et ce fut un sacré baiser. Un baiser qu'elle attendait, qu'elle avait provoqué et qu'elle me fabriqua avec une telle habileté que je ne sais s'il était le fruit d'une longue expérience ou l'aboutissement d'un rigoureux refoulement. Va savoir !

Je suis sur le point de lui en demander davantage.

Je me reprends à temps : « Ho, Jefkins ! m'a dit ma petite voix, ne te passe pas les menottes au poignet ! »

Le soir même, Anne me demanda de la conduire à la route. Elle était décidée à partir. En bus, en stop, à pied s'il le fallait, n'importe comment mais elle ne pouvait pas rester un jour de plus. C'est le père Féli qui la conduisit.

Qu'avait-elle dans la tête ? Le désir d'arrêter cette idylle ou bien…

… Ou bien, après m'avoir fait sentir la chair fraîche, me laisser sur ma faim, en plein printemps, avec ce souvenir vrillé dans ma peau de jeune veuf, parmi les ardeurs de la terre toute neuve, et me guetter dans son salon de l'avenue Percier ?

Son départ me laissa frais et détendu.

Les bâtiments effondrés de Fontaine d'Argent fournissaient suffisante matière à ma virilité. Partout des matériaux hors pair pour la reconstruction et pour la sculpture. Les chevrons et les poutres constituaient un stock inépuisable dont j'extrayais, au fer, des personnages longs comme des jours sans pain et barbus comme des braconniers.

Tout ce que je trouvais dans ces maisons glorifiait les vieilles et irremplaçables techniques, tellement belles, tellement efficaces et tellement logiques et dans l'ordre des choses qu'on se demande tout d'abord pourquoi elles sont abandonnées. On ne se le demande pas longtemps. On comprend bien vite que ces murs parfaits, ces charpentes immortelles, ces moulures familières se faisaient sans ingénieurs. Vingt ou trente hommes capables et décidés suffisaient à arracher, sur place, à la terre et à la forêt, de quoi construire ces épais bâtiments tièdes et secs comme des fours, où rien n'a pourri, rien ne s'est affaissé pendant trois siècles.

« Holà ! a dit le gang des intégrales. Pas de ça ! Nous voulons que personne ne nous échappe. Nous allons transformer le maçon, le charpentier et le couvreur en "ouvrier d'usine" qui ne saura ni extraire la pierre, ni la tailler, ni choisir un chevêtre, et alors il faudra bien qu'ils passent par nous et nos techniques de remplacement ! »

Et ce fut avril. D'un seul coup, tout fut transformé, au rythme très lointain des angélus et du bruit de ce moteur d'avion, hélas ! qui chaque semaine nous jetait tous dans la cour, l'oreille tendue, la mine inquiète.

Je fus, tour à tour, maçon, dessoucheur, jardinier, pâtre, vétérinaire, apiculteur, charron, forgeron, maréchal-ferrant.

Pourtant, par ces temps de sève, la banderille plantée par Anne dans mon cuir me cuisait durement, par grands élancements imprévus.

Ah ! le déchirement du veuf, torturé par le parfum d'une autre femme, vivante celle-là !

C'est ma belle-mère qui a crevé l'abcès.

J'étais seul avec elle dans la chambre à four, elle en a profité pour me dire :

« Il vous faudra reprendre femme. Vous ne pouvez pas rester seul à votre âge.

– Peut-être, ai-je dit, mais il reste à trouver la femme. »

Elle attendit un moment, puis :

« Cette fille serait peut-être convenable ?

– Quelle fille ?

– Cette fille qui est venue ici.

– Anne ?

– Oui, Mlle Anne.

– Une Parisienne ? Elle ne tiendra pas un été. Ces filles-là ne sont bonnes que devant une machine à écrire.

– Elle a pourtant l'air courageux. Et puis vous ne vivrez pas toujours ici. Vous écrivez des livres et vous pouvez gagner de l'argent. Vous êtes trop intelligent pour rester au fin fond de nos bois. Elle vous aidera dans vos écritures. » (Sûr qu'Anne lui avait soufflé tout ce sermon.)

Je me taisais. Elle insista :

– Elle aime les enfants et les enfants l'aiment. C'est beaucoup… Elle les soigne bien… Et puis elle vous aime aussi. Elle me l'a dit.

– C'est bien là le malheur. Vous avez déjà vu un homme échapper à une femme qui l'aime ?

– Mais pourquoi échapper à une femme ? C'est de votre âge.

– Elle m'aime pour me grignoter. Ce n'est pas une femme comme vous autres, la mémère, vous ou Louisette. C'est une femme “moderne”. Vous ne savez pas ce que c'est, mais moi, je le sais. Je l'ai vu en Amérique, dans les pays baltes, en Russie, et, de plus en plus, dans nos grandes villes. Elles ne savent plus servir leur homme, elles ne savent que le commander.

On leur a dit qu'elles étaient l'égale de l'homme. Dès lors, pourquoi se taire quand l'homme parle ?

Comme il a saccagé la nature, barré les rivières, rasé les montagnes et muselé le silence, le monde moderne détruit l'ordre naturel dans le couple.

– Mlle Anne paraît raisonnable, pourtant.

– Les meilleures sont impossibles ! Elle ne sera pas ici depuis trois jours qu'elle se plaindra de ne point avoir la T.S.F., l'électricité, l'eau sur l'évier, la machine à laver, le tout-à-l'égout, la fosse septique, les chiottes en porcelaine…

– En porcelaine ?

– En porcelaine, c'est comme j'ai bien l'honneur de vous le dire. C'est dans une énorme cuvette en porcelaine, dans un palais en mosaïque, équipé d'une petite usine à eau, que l'on procède maintenant à la défécation. Il lui faudra le séchoir électrique et le frigidaire, même si elle a le soleil du bon Dieu et une cave voûtée.

Elle me tannera jusqu'à ce que je lui aie acheté tout ça, *et je lui achèterai tout ça* pour avoir la paix, et le cycle infernal commencera : pour acheter "tout ça", il me faudra de l'argent. Pour avoir de l'argent, il faudra vendre. Pour vendre il faudra travailler et chercher le rendement, au prix de monstrueuses dépenses. Il faudra "s'équiper", comme ils disent.

Et pour s'équiper, même à crédit, il faudra encore vendre, et produire, et travailler, et, un beau jour, mère, je me retrouverai abonné au téléphone, harcelé de quittances, bourrelé d'inquiétude, inondé de déclarations, guetté par l'infarctus du myocarde… A moins que je finisse dans un joli petit atelier de trois cents mètres de long et un meublé dans le XVe arrondissement, avec une perspective sur dix ares de toits de zinc et le cinéma du samedi !… et une horloge pointeuse.

Et tout ça, pour avoir une femme dans mon lit ?

Non, merci. Un vrai massacre pour la bagatelle ! Qui sait si je n'en arriverais pas à lui servir son petit déjeuner au lit ?

– Pas possible ?

– Si !… Ah ! vous ne les connaissez pas, mère ! Moi, je les connais et je me demande s'il en reste beaucoup qui sachent trousser une quiche aux écrevisses ou même traire les vaches… »

Tout éclata soudain en fleurs, et se déroulèrent les crosses des rhubarbes, et les vieux arbres fruitiers, rajeunis par la grâce de la serpe et du sécateur, se retrouvèrent des verdeurs de baliveaux.

Le pépère Joseph, la tête renversée, les fanons tendus, les regardait en connaisseur et disait :

« Pour sûr qu'ils donneront encore pendant dix ans ! Juste le temps d'attendre les jeunes qu'on va planter cette année ! »

Il ne croquait pas une pomme qu'il n'en conservât les pépins dans une vieille tabatière et, quand il en avait une poignée, il en faisait un semis dans le riche terreau qui jonchait l'ancienne place à fumier.

Déjà ses premiers semis commençaient à lever. Il montrait leurs petites oreilles vert pâle aux enfants en disant :

« Regarde-le, ton ami l'arbre, Vincent, tu grimperas dessus un jour et tu croqueras ses pommes, tu boiras sa piquette. Tant que tu auras des arbres, tu vivras heureux. »

Les avoines étaient belles. Le blé de printemps était un peu en retard. Nous profitâmes du répit avant de mettre les pommes de terre, pour dégager les ruines que nous n'avions pas encore explorées et il se trouva qu'après avoir fait la percée nous découvrîmes un beau bâtiment.

C'était une sorte de halle, aux belles charpentes. Le lierre y avait voilé, aux yeux des chasseurs, des murs parfaits, percés d'ouvertures en cintre surbaissé qui donnaient l'allure d'un petit cloître. On l'appela d'ailleurs « le Cloître » et, tout de suite, j'y vis le cadre idéal pour mes sculptures. Je me mis, sans tarder, à sa restauration.

Au fur et à mesure que le bois de chauffage s'alignait en

longues piles coiffées de fagots bien serrés, les bâtiments surgissaient sous nos yeux.

Mon fils, sur mes talons, haletait de curiosité. A chaque arbre abattu, haubané de lianes et de houblon sauvage, un pan d'obscurité s'effondrait, ouvrant une page de pierre lumineuse, et le petit se précipitait, car il nous arrivait alors de pénétrer dans un univers reclus depuis plus d'un siècle. On trouvait des choses étranges, des objets, des pierres moulurées, infiniment respectables et muettes, sous le baiser luisant des escargots.

Je faillis pleurer de joie en trouvant une petite fenêtre à meneaux, puis, un jour, nous pûmes nous promener à l'aise dans ce local qui avait pu être chapelle, salle commune, bergerie ou salle de gardes.

Le Cloître fut bientôt rendu à la lumière du jour. J'y découvris, sous le sol de gravats, un très beau dallage en calcaire du pays, veiné de rose pâle, et la cheminée, dont la hotte était effondrée, connut sa première flambée.

Un feu d'enfer, excité par du lierre, qui pétait comme un 14 juillet, fut alimenté par des monceaux de ramilles. La fumée, faute de conduit, sortait par les crevés du toit, et des nichées de loirs, alignées sur les basses poutres, nous regardaient de leurs gros yeux écarquillés. Nous profitâmes des braises pour y faire griller chacun trois côtelettes d'un mouton qui venait de se casser la patte.

Nous étions tous assis par terre, notre côtelette à la main, le jus dégoulinant sur l'avant-bras. Le père Féli alla choisir une bonne bouteille, une de celles que nous allions chercher, par les petits chemins de l'Arrière-Côte, du côté de Nuits-Saint-Georges, en échange de miel. Le Cloître était inauguré.

Le toit restauré, le Cloître eut assez belle allure. Juste assez pour passer inaperçu dans le panorama et ne pas attirer le regard des quelques curieux qui eussent pu venir se perdre par là.

J'y transportai mes sculptures et mes outils, j'y établis un lit. Il manquait, certes, des vitres et même les châssis des fenêtres, mais je découvris à cette occasion que les constructeurs, bien que non polytechniciens, avaient orienté la salle de telle sorte que le moindre rayon de soleil y était capté à merveille et retenu par les sortilèges de vieilles sciences traditionnelles fort délaissées qui s'appellent l'architecture, la maçonnerie, la stéréotomie, que sais-je ?

Aussitôt que les patates furent plantées et que les maisons et les écuries furent habitables, ce fut comme jadis à la Perrière, la vie de plein air et la contemplation.

A une extrémité du Cloître, j'installai les brebis suitées et, de l'autre, mon lit, mon établi, mes outils et mes bois d'œuvre.

Le pépère Joseph, sous son grand caban délavé, poussait, devant lui, son bétail, du lever au coucher du soleil, son chien et sa chienne sur ses talons, tournant lentement dans la grande friche où la Fontaine d'Argent paraissait toute petite sous les bulbes des nuages.

Lui aussi sculptait, tout en cheminant, ou assis sur un tertre, mais c'était une sculpture traditionnelle et utilitaire : des cuillers à pot, à manches sculptés, pour remuer les confitures de cerises et de quetsches, des moules à beurre gravés de la rosace habituelle à laquelle pourtant il entremêlait le monogramme savant de la famille, ou des initiales mystérieuses tellement déformées qu'elles devenaient magiques.

Nous n'avions eu encore aucune visite, sinon celle de deux bûcherons piémontais qui travaillaient aux coupes à plus de deux kilomètres. Ils venaient là faire leur provision d'eau à la source. Ils ont regardé nos réparations en connaisseurs et ont accepté le canon de rouge sans poser une seule question. Habitués au silence, je pense qu'ils n'en soufflèrent mot à personne, car les jours s'écoulèrent sans que personne apparût.

Seul le père Féli, pourtant, surveillait le débouché de l'ancien chemin. Il s'était fait une sorte d'observatoire dans le rideau de chênes et de sorbiers que nous avions laissé pour attirer les ramiers et masquer notre présence. Il emportait son fusil, ses osiers, ses pinces et son petit matériel de vannerie. Il s'asseyait là sur les pierres ou bien, s'il pleuvait, dans la hutte qu'il s'était construite et, à la mi-ombre, une herbe à la bouche, tout en tressant les paniers, il guettait.

Lorsque j'étais perché sur les charpentes pour poser les tuiles je le voyais, immobile pendant des heures, son fusil près de lui, levant le nez au moindre craquement.

A quoi pensait-il ?

Un jour, c'était pour la Pentecôte, j'entendis un bruit de moteur.

Ce n'était pas un moteur d'avion et cela venait d'en bas. Je revis le jour où les prospecteurs étaient arrivés ainsi, dans la combe de la Perrière. Etait-ce encore cette engeance ?

J'attendis un moment, puis le bruit se précisa et un capot apparut derrière les coudriers, parmi les grandes herbes.

C'était une voiture de tourisme.

Elle s'engagea prudemment dans la friche et se dirigea sur nous. Je pus voir que deux personnes étaient assises sur le siège avant.

Féli avait pris son fusil, l'avait ouvert pour s'assurer qu'il était chargé, et lentement monta la crosse à l'épaule.

Ce fut le petit Vincent qui s'écria :

« C'est l'auto de tante Anne ! »

Le sang me monta à la tête. C'était bien elle, et je reconnus aussi son voisin : c'était Marcel, le fils de Toto, le « jeune délinquant ».

J'étais descendu de mon perchoir lorsque Anne sauta à terre et se précipita vers moi.

« Jefkins ! Marcel s'est évadé de la maison de redressement d'Oroise. Il est venu chez moi et m'a suppliée de l'amener près de vous. Il ne veut parler qu'à vous. J'ai pris la voiture de papa et je l'ai amené. Raisonnez-le, je vous prie ! »

Marcel faisait sa tête de cochon. Il était resté sur le siège et me regardait sans bouger. J'eus l'air de ne pas m'occuper de lui.

« Venez d'abord manger un morceau et vous désaltérer », dis-je à la jeune fille.

Lorsqu'il vit que nous nous dirigions vers les maisons, Marcel sauta à terre et vint à moi :

« M'sieur Jefkins, je vais vous expliquer… On peut pas rester à Oroise…

– Ça va. Amène ton baluchon. Tu coucheras dans l'étable. Il y a du travail pour toi ici.

– Jefkins, y pensez-vous ? s'écria Anne Maudhuit, il doit retourner au centre de redressement ! Jefkins, vous allez vous rendre coupable de je ne sais quelle complicité…

– Ça me regarde.

– Vous aurez des ennuis.

– Qui pourra penser qu'il est ici ?

– Vous êtes fou ! »

Je l'ai empoignée par le bras :

« Et vous, lui ai-je dit, vous n'êtes pas folle de monter ici en voiture ? A l'heure qu'il est, tout le canton sait qu'une belle pépée vient faire du tous-terrains en bagnole de luxe dans la forêt de Girole, et se demande pourquoi ! Dans une heure on va voir déboucher ici toutes les décapotables du dernier salon, et moi je n'aurai plus qu'à chercher une autre gentilhommière ou bien monter ici une hostellerie super-chic et créer une "amicale des amis de la Perrière" pour la sauvegarde du site, avec des bancs en ciment armé offerts par le Touring-Club, une table d'orientation et un golf miniature ! »

Elle prit un air gentil :

« Bonjour quand même », dit-elle en tendant la main à toute la tribu qui s'était alignée devant elle. Elle prit les petits dans ses bras, les dévora de baisers.

Je criai à Marcel :

« Va faire ton lit et ranger ton paquetage. Demain tu prends ton service ici, et ça va barder ! »

Il eut un regard qui me consola de toutes mes misères passées, présentes et à venir.

Anne, dès le premier entretien que j'eus avec elle, critiqua mon attitude vis-à-vis de Marcel. Il me fut facile de lui dire que, pour la première fois de sa vie, Marcel allait mener une existence normale, la seule capable de l'amender. Que j'avais besoin d'un aide jeune, courageux et pas trop pointilleux sur la question du logement. Que j'emmerdais quiconque y trouverait à redire, surtout l'Assistance publique et le ministère de la Justice. Que jamais gendarme n'avait posé le pied sur l'herbe de la friche. Que, même s'il s'en présentait un, le gamin connaîtrait mieux que lui les ronciers de la montagne et que personnellement je brouillerais si parfaitement sa piste, etc.

Je terminai en disant :

« Ce faisant, je travaille puissamment au bonheur du garçon, et vous le savez bien. »

Elle baissa les paupières et prononça :

« Vous avez peut-être raison. Vous avez toujours raison… »

C'est par cette phrase qu'elle reprit le siège qu'elle avait levé deux mois plus tôt.

Et Anne ne redescendit pas.

La jolie voiture jaune renoncule fut garée dans le Cloître. Et tout de suite nous fûmes bien près de la catastrophe. Dans la grande salle, habituellement silencieuse, on entendait partout une voix féminine. Il n'était plus question que de globules et de leucocytes, de tonus musculaire et de lésions, de calories et de vitamines. Le moindre éternuement était syndrome et le plus petit pet retourné devenait fermentation intestinale.

Jeannette et Vincent n'avaient que trop longtemps souffert d'une absence totale de discipline alimentaire et respiratoire. Leurs couleurs éclatantes et leur sereine vitalité n'étaient que des marques trompeuses derrière lesquelles l'invasion pathologique se poursuivait lentement, mais sûrement.

Anne dégurgitait ainsi, d'un coup, dans le silence de Fontaine d'Argent, tout ce qu'elle avait avalé de « conseils de docteur », de « causeries médicales », de reportages, d'interviews d'ingénieurs, de conférences à usage d'assistantes sociales, d'études rationnelles et de vulgarisation scientifique ; elle le vomissait avec toute la rage craintive et la bonne conscience de la femelle imprudemment informée…

L'eau de Fontaine d'Argent, si claire, si pure, si parfumée, pouvait elle-même être responsable des pires méfaits et méritait d'être analysée sans tarder, ainsi que la terre de nos champs. Le puits était trop profond et « irrationnel ». N'aurait-on pas pu l'équiper avec un petit moteur pour gagner du temps ?

Maman Fine et sa vieille mère, atterrées, commençaient elles-mêmes à ressentir des douleurs sourdes, des flatulences bizarres, des fatigues suspectes, des doutes troublants. Un phénomène nous menaçait, redoutable entre tous, que le sociologue a nommé : « l'affranchissement de la femme », phénomène irréversible et au-delà duquel les sociétés les plus solides périclitent inévitablement.

La psychanalyse s'en mêlait : Vincent ne regardait-il pas avec trop d'intérêt la vulve périodiquement ensanglantée de Mirette ? Jeannette ne se laissait-elle pas trop volontiers lécher par un Médor frétillant et brutal ? La maison était hantée de complexes et de refoulements.

Toutes choses, jusque-là réglées par des traditions bon enfant, par le bon vouloir ou par le divin hasard, furent remises en question. L'inquiétude matérielle s'insinuait dans le gynécée, en attendant l'angoisse métaphysique, fille de la connaissance livresque.

Un radieux matin de juin, je fus obligé d'intervenir. Depuis trois jours, on préparait la lessive d'été. Une des trois lessives de l'année.

Le grand cuveau avait été monté sur son trépied dans la chambre à four, et je criblais les cendres qui ont toujours été la seule lessive de la famille. Je ne sais comment cela se fit, mais ma belle-mère, pourtant si logique, émit l'idée que l'on pourrait peut-être acheter une lessiveuse et se servir de lessive « comme tout le monde ». On vendait aussi, paraît-il, des produits merveilleux qui, à peine mis en contact avec le linge, le rendaient le plus propre du monde, comme par enchantement.

Je devinai sans difficulté d'où venait la contamination.

J'éclatai en sarcasmes :

« … Et pourquoi pas une machine à laver avec courant conditionné et frotteur parabolique ? Pourquoi pas de l'eau synthétique et un soleil artificiel ? Pourquoi pas une usine avec une grande cheminée, une cantine d'établissement et un laboratoire d'analyse dirigé par un ingénieur chimiste diplômé de la Faculté ? Et pourquoi pas un planning et une horloge pointeuse ? Et tout ça pour nadouiller annuellement douze paires de draps et vingt liquettes ? »

Anne entrait à cet instant.

« Jefkins… dit-elle d'une voix suave.

– Taisez-vous, je vous prie. Si votre bon sens n'a pas su résister aux assauts conjugués de la publicité et de la technicité, n'allez pas, au moins, porter votre désarroi chez nos deux mémères, les deux seules femmes de France, peut-être, à être contentes de leur sort…

– Mais… Jef…

– Vous avouez vous-même que la vie à Fontaine d'Argent est douce, simple et belle. Elle ne l'est que parce que les moyens sont proportionnés aux besoins réels et que, pour laver un torchon, on ne construit pas un combinat, mais qu'on se contente de frotter ledit torchon, en chantant, sur une pierre, au bas de l'abreuvoir, qu'on l'étend sur un buisson et qu'on attend qu'il sèche en croquant une poignée de noix !

Si vous avez trouvé ici vos couleurs véritables, une haleine agréable, une peau saine et votre joie de vivre, vous le devez à l'absence, entre autres choses, de sulfonates, de machine à laver, d'essoreuse et de boîtes de conserves…

… N'allez-vous pas bientôt parler de brosse à dents, de cure-dents et de T.S.F., alors que vous avez vos doigts, l'épine noire et le chant des oiseaux ?

– Jefkins, vous êtes méchant.

– Et tant mieux pour vous, ma belle. Recherchez les hommes “méchants”. Ce sont eux qui font les femmes heureuses…

– Vous aimez le paradoxe…

– Et vous, vous aimez rencontrer l'autorité… Coulez votre lessive avec les femmes et vous verrez que ce système-là vaut mieux que tous les autres…

– Mais je trouve ridicule…

– Ce n'est pas votre affaire, Anne. Faites ce qu'on vous dit. »

Elle s'était cabrée.

« Je ne resterai pas plus longtemps dans une maison où…

– Alors, partez, Anne, partez sans hésiter ni vous retourner. Je vous demande, simplement, de ne jamais révéler notre adresse à qui que ce soit. »

Elle sortit en tapant du pied. Il paraît qu'elle fit brutalement le simulacre de boucler ses valises, qu'elle se dirigea vers son auto. De fait, j'entendis le bruit luxueux, le bruit coûteux, le bruit ruineux de portières d'automobile, ce bruit pour lequel l'humanité est en train de vendre son âme. On entendit aussi le geignement du démarreur que l'on excite en vain. Une heure plus tard, maculée de cambouis, elle se présenta à la porte du Cloître où je m'étais mis à battre ma faux.

« Jefkins, dit-elle sèchement, le moteur ne démarre pas.

– Vous ne m'étonnez nullement », répondis-je.

Elle resta coite.

« Pourriez-vous m'aider, s'il vous plaît ?

– Je ne connais pas le langage que l'on doit employer avec Sa Majesté le Moteur.

– Ne faites pas l'imbécile, Jefkins. Je veux partir.

– Voyez dans quel état de dépendance vous tient la mécanique, Anne. Partez à pied.

– Vous êtes un monstre ! »

Puis doucement, s'approchant très simplement :

« Je t'aime, Jefkins.

– Qui t'a dit le contraire ?

– Je t'appartiens. Tu le sais bien.

– Prouve-le en me foutant la paix.

– Tu es une brute ! tu es un égoïste ! tu es un orgueilleux ! tu es bien un homme !

– Alors, de quoi te plains-tu ? »

Elle sortit en tentant de claquer la lourde porte. J'entendis encore les rots et les nausées impuissants du démarreur, puis la voix des petits :

« Où vas-tu, tante Anne ?

– Je rentre à Paris. »

Puis leurs cris et leurs larmes. Enfin le silence.

Elle était partie à pied, au hasard dans la friche, dans les épines, dans les taillis. Nous la vîmes rentrer le soir, déchirée, adorablement rouge et fourbue.

Elle bouda deux jours dans sa chambre.

Au matin du troisième jour, elle était présente lorsque je me levai. Elle venait de préparer le café pour les hommes et m'en tendit un bol.

Lorsque nous partîmes pour piocher les patates, elle prit un bigot et s'attaqua à la raie à côté de la mienne. J'entonnai le *Ah ! que nos pères*, elle reprit au refrain avec Marcel qui hurlait à tue-tête.

Elle quitta le rang un peu avant l'heure de la collation, tira de l'eau fraîche, étala le panier à l'ombre du frêne, nous appela du hou-hou traditionnel et voulut préparer mes tartines. Je l'en empêchai. Elle me lança un regard d'amour, s'accroupit et, me regardant manger :

« Vincent et Jeannette auront bientôt l'âge d'aller à l'école. Comment allons-nous faire ? demanda-t-elle.

– Je veux qu'ils sachent lire, écrire et les quatre règles. Pas plus. C'est tout ce dont ont besoin des honnêtes gens. Je compte sur toi. Je me charge du reste.

– Bien », répondit-elle.

Quand les hommes eurent fini, elle fit elle-même collation, dévora un morceau de lard, un gros fromage et une rôtie de miel, but à la cruche, replia le linge blanc et, pendant que nous reprenions le travail, rentra à la maison où les deux vieilles ravaudaient les sacs pour la récolte.

Très haut dans le ciel, les buses tournoyaient au-dessus de la basse-cour.

Anne était donc sur la bonne voie.

Sans doute, avant de devenir une honnête femme, eut-elle encore quelques égarements. Un jour, alors que je préparais mon couteau à désoperculer, pour la récolte de miel, qui s'annonçait belle, elle entra dans le Cloître. Elle caressa de la main les trumeaux sculptés, regarda les voûtes et le préau où les poules venaient pondre derrière les fagots.

Elle s'approcha de moi.

« Alors, heureuse ? »

Elle ne répondit rien et se mit à sourire, ramassa les œufs en chassant les poules des nids improvisés.

« … J'ai pensé, dit-elle, à cette phrase de je ne sais qui : "Si tu es sage et bon, les hommes viendront à toi, dussent-ils se frayer un chemin dans les épines." »

J'attendais la suite avec anxiété. Elle continua :

« Les hommes viendront ici, Jefkins…

– Parle pas de malheur !

– Et pourquoi ne viendraient-ils pas ? Pourquoi un jour ne ferions-nous pas ici un refuge, une sorte de communauté… Il y a la place… »

C'est le mot communauté qui me fit sursauter. Je vis d'un seul coup tous les artistes en mal d'originalité, tous les ratés de la palette, les rêveurs de la gouge, anciens lecteurs de Giono, yogis, végétariens et toute la parigoterie intellectuelle venir ici faire leurs « recherches » au « contact de la nature » et grasseyer leurs pétitions de principes, distiller leurs truismes mystiques, naturistes et communautaires.

Je me vis tout de suite leur enseignant, trop tard, ces connaissances faute desquelles ces gaillards sont perdus à jamais à la vie essentielle.

« Leur formation scolaire, universitaire et urbaine a creusé un gouffre trop profond. Vouloir le combler, c'est se vouer au désespoir…

– Pourtant… c'est bien tentant », dit-elle avec une moue.

C'est de ce jour-là que je l'ai vraiment aimée, car il est doux de vivre auprès d'un être qui éprouve le besoin, sans pouvoir le satisfaire, de faire du bien à l'humanité.

Elle me reparla encore une fois de sa communauté d'artistes. Je répondis simplement :

« Toute communauté conduit au mot d'ordre, à la discipline, à l'esprit de corps et à la doctrine, et voilà justement ce que l'on doit fuir comme la peste. L'homme est fait pour vivre seul. »

Elle n'insista pas et ne m'en parla plus jamais.

Ce qui se passa ensuite entre Anne et moi ne regarde personne et pourrait se raconter à un repas de première communion. C'est pourquoi je n'en parlerai pas. Il y a assez de spécialistes pour relater ce genre d'événements sans que je m'en mêle. Je le ferais d'ailleurs avec une lourdeur que d'aucuns prendraient pour un érotisme de mauvais aloi.

En racontant cette histoire je n'ai pas entrepris une chronique scabreuse. On s'en doute à la façon dont j'ai répété avec frénésie certains truismes et d'autres vérités moins répandues. Pour rester dans notre propos et ne pas forcer notre talent, je dirai simplement ceci :

Elle fit de très gros efforts pour se plier aux exigences de cette vie de liberté.

On n'a pas ratatiné, dans les Facultés, les bureaux et les rues de ville, la moitié des alvéoles de ses poumons, on n'a pas sclérosé ses muscles et assassiné plusieurs dizaines de milliers de ses globules rouges, sans trouver pénible l'exercice d'une vie honnête et normale comme la nôtre, mais on s'y accoutume vite.

S'il faut trois générations pour passer de l'âtre au radiateur et du pâturage à la chaîne de montage, un an à peine suffit pour revenir du cul-de-basse-fosse au grand soleil et de la machine à écrire à la chambre à four.

Le prochain hiver passé, le miracle fut accompli, et lorsqu'il lui manquait une fourchette à salade elle ne déplorait plus l'absence de Prisunic dans le secteur. Elle savait qu'en vingt minutes, en jouant, Marcel lui en ferait une, dans un rain d'érable, avec une jolie petite fleur, sculptée dans la poignée.

Anne réfléchissait sans cesse à notre situation de squatters. Sa petite tête de docteur en droit fonctionnait, et un jour elle me conseilla de virer une partie de mon compte en banque à la Caisse des Dépôts et Consignations, « à titre de provision, dit-elle, au cas où se révélerait un des propriétaires de Fontaine d'Argent ».

Elle me parla même de lois qui donnaient des droits au premier exploitant d'une terre abandonnée depuis plus d'un certain temps.

Je ferai donc virer, un jour, une partie de mon compte à cette fameuse Caisse, pour faire plaisir à ma Vestale, à moins que, convaincu à temps du danger que peut présenter ce recours à l'Administration, je me contente de hurler, selon mon habitude, ce refrain :

« Il ne reviendra jamais, le gars qui a hérité ces pays morts ! Il est pour lors en train d'appuyer sur la manette de l'horloge pointeuse et sa femme est enfermée dans une cage de verre pour surveiller un block d'esclaves !

Son fils mange sa ration de vitamines communautaires à la cantine scolaire ou à la colonie de vacances et prépare un beau concours qui lui donnera le droit d'être ingénieur et de manipuler, à son tour, la manette de ladite horloge et les boutons du cerveau électronique. Honneur suprême !

Et tous les trois se mettront en grève périodiquement parce qu'ils ne gagneront jamais assez pour payer, à tempérament, le poste de télé, la machine à laver, le mixeur, les vitamines, les piqûres, les vaccins obligatoires, les calories, le gaz, le métro, le conditionneur d'air, le casseur d'œufs, le batteur d'omelette, le chauffe-eau, les chiottes en porcelaine, le vibromasseur, le tourne-disque, les disques, le soleil artificiel, le séchoir électrique et, s'ils sont bien sages et paient bien leurs impôts, le joli petit satellite artificiel dont on leur fera certainement cadeau un jour.

… Reviendront jamais !

Esclaves qu'ils sont, tu entends ? Esclaves à perpète de ce monceau d'âneries inutiles et ruineuses !

Jamais il ne viendra personne !

C'est fini !

Fini ! »

A moins qu'un jour un prospecteur individuel n'arrive ici avec son Geiger !

Mais Féli est là avec son fusil…

Et il y a de la place, dans les friches, pour enterrer les salopards.

Aubin Imprimeur
LIGUGÉ, POITIERS

Achevé d'imprimer en août 2001
pour le compte de France Loisirs
123, bd de Grenelle, 75015 Paris
N° d'édition 35561 / N° d'impression L 62185
Dépôt légal août 2001
Imprimé en France